地方政府纾解民企股权质押风险及其效果研究：基于经济关联的视角

黄一松　著

中国财经出版传媒集团
中国财经经济出版社

图书在版编目（CIP）数据

地方政府纾解民企股权质押风险及其效果研究：基于经济关联的视角／黄一松著．--北京：中国财政经济出版社，2022.11

ISBN 978-7-5223-1732-8

Ⅰ.①地…　Ⅱ.①黄…　Ⅲ.①民营企业-股权管理-研究-中国　Ⅳ.①F279.245

中国版本图书馆CIP数据核字（2022）第200022号

责任编辑：刘五书　　　　责任印制：张　健
封面设计：楠竹文化　　　　责任校对：胡永立

地方政府纾解民企股权质押风险及其效果研究：基于经济关联的视角
DIFANG ZHENGFU SHUJIE MINQI GUQUAN ZHIYA FENGXIAN JIQI XIAOGUO YANJIU：
JIYU JINGJI GUANLIAN DE SHIJIAO

中国财政经济出版社 出版
URL：http：//www.cfeph.cn
E-mail：cfeph@cfeph.cn

社址：北京市海淀区阜成路甲28号　邮政编码：100142
营销中心电话：010-88191522
天猫网店：中国财政经济出版社旗舰店
网址：https：//zgczjjcbs.tmall.com
北京富生印刷厂印刷　各地新华书店经销
成品尺寸：170mm×240mm　16开　15.5印张　208 000字
2022年11月第1版　2022年11月北京第1次印刷
定价：78.00元
ISBN 978-7-5223-1732-8
（图书出现印装问题，本社负责调换，电话：010-88190548）
本社质量投诉电话：010-88190744

内容摘要

我国民营企业长期以来面临着融资难的问题，而股权质押融资具有融资方便快捷、灵活性强、融资成本适中且不影响控股股东对公司的控制权等优点，因而备受民营企业的青睐，成为民营企业为应对融资难而普遍采用的一种融资方式。但是股权质押本身是一种风险较大的融资方式，近年来随着证券市场的连续低迷，民营企业的股权质押风险愈加显现，成为影响民营企业生存和发展的一个重大威胁，如果应对不当还可能导致系统性金融风险的发生。

民营企业是国民经济的支柱力量，在我国经济和社会生活具有十分重要的地位和作用，也是政府发展经济、增加就业、改善民生、增加税收的重要依靠，中央也一再要求要加强对民营企业的保护和扶持。因此，各地方政府就有对陷入股权质押风险的民营企业进行纾困的动机。但是，地方政府在纾困资源有限的情况下，如何选择纾困对象则是需要关注的重要问题。

以往关于政府扶持民营企业的影响因素的研究，主要讨论的是政治关联、社会责任、产业政策等因素。其中，关于政治关联的研究表明，政治关联有助于民营企业获取政府补助、银行贷款、税收优惠等政府资源。但是，从经济关联的视角考察政府扶持民营企业的研究较少，特别是在民营企业出现股权质押风险的场景下，从经济关联的视角研究地方政府纾困出现股权质押风险的民营企业的文献相当匮乏。

本书以2017年至2019年期间出现股权质押风险的中国A股民营上市公司为研究样本，基于经济关联的视角，根据政府干预理论、政治关联理论、利益相关者理论和股权质押的相关理论，从理论上分析国有资本参股、信贷关系、股权质押关系这三个常见经济关联因素对地方政府纾困民营企业的影响，并以中国A股民营上市公司股权质押的数据对此进行实证检验。研究发现：

第一，在出现股权质押风险的民营企业中，国有资本参股的民营企业获取地方政府纾困的概率和力度更大，并且国有资本参股的比例越大，获取地方政府纾困的概率和力度越大。本书还考察了市场化程度对上述关系的调节效应，结果表明，在市场化程度较高的地区，国有资本参股对民营企业获取地方政府纾困的促进作用不明显。本书进一步考察了国有资本参股来源地对民营企业获取地方政府纾困的影响，结果表明，相比于异地国有资本参股，本地国有资本参股的民营企业获取地方政府纾困的概率和力度更大。

第二，在出现股权质押风险的民营企业中，有银行借款的民营企业获取地方政府纾困的概率和力度更大，并且银行借款越多，获取地方政府纾困的概率和力度越大。本书还考察了长期借款对民营企业获取地方政府纾困的影响，结果表明，在出现股权质押风险的民营企业中，长期借款占比较高的民营企业获取地方政府纾困的概率和力度更大。本书进一步考察了市场化程度对民营企业银行借款与地方政府纾困之间关系的调节效应，结果表明，在市场化程度较高的地区，民营企业与银行的信贷关系对民营企业获取地方政府纾困的促进作用更不明显。

第三，在出现股权质押风险的民营企业中，与国有企业有股权质押关系的民营企业获取地方政府纾困的概率和力度更大，并且与国有企业股权质押关系的金额越大，获取地方政府纾困的概率和力度越大。本书还考察了市场化程度对上述关系的调节效应，结果表明，在市场化程度较高的地区，与国有企业有股权质押关系对民营企业获取地方政府纾困的促进作用不明显。

第四，获得地方政府纾困的民营企业，其股权质押风险得到了缓解，并且纾困力度越大，股权质押风险得到缓解的程度越大；相对于没有获得地方政府纾困的民营企业，获得地方政府纾困的民营企业的股权质押风险得到缓解的程度更大。

本书主要有以下创新之处：

（1）从经济关联的视角，丰富和拓展了政企关系的研究文献。以往关于政治关联的研究主要探讨的是民营企业高管曾经或现在担任政府官员、人民代表大会代表或政协委员等政治关联能给企业带来政府资源获取效应，也有少量文献探讨了国有资本参股这种政治关联方式。本书认为，国有资本参股不仅是一种政治关联，而且也是一种经济关联。目前从经济关联视角研究其对民营企业获取政府扶持的影响的文献较少，特别是从信贷关系、股权质押关系的视角进行研究的文献相当匮乏。本书则以民营企业出现股权质押风险为研究场景，分析和检验了经济关联（包括国有资本参股、与银行的信贷关系、与国有企业的股权质押关系）对民营企业获取地方政府纾困的影响，丰富和拓展了政企关系的研究文献。

（2）从地方政府纾困的视角，丰富和拓展了缓解股权质押风险的手段及效果的研究。以往关于股权质押风险应对手段的研究，主要研究了上市公司及其大股东如何缓解股权质押风险问题，揭示他们自身如何运用盈余管理、信息披露、税收规避、现金持有、股利政策、股票回购等市值管理的方法来规避股权质押风险。本书从民营企业与政府的经济关联角度考察了地方政府纾解民营企业股权质押风险及其效果，揭示了地方政府纾困这种缓解民营企业股权质押风险的新手段及效果，从而丰富和拓展了缓解股权质押风险的手段及效果的相关研究。

（3）丰富了政府扶持民营企业的方式、影响因素及效果的研究文献。以往文献涉及的政府扶持民营企业的方式主要是通过政府补贴、税收优惠、银行贷款等方式对民营企业予以扶持，而本书研究的是在民营企业出现股权质押风险的场景下，地方政府通过纾困（包括股权型纾困和债权型纾困）的方式对出现股权质押风险的民营企业的扶持。在以往关于政府扶持民营企业的影响因素的研究中，主要探讨的是政治关联、社会责任、产业政策等因素对政府扶持民营企业的影响，而本书在民营企业出现股权质押风险这个新场景下，研究得出了地方政府更倾向于扶持有经济关联的民营企业以及地方政府的扶持能够缓解股权质押风险的结论，从而为政府“扶持之手”理论提供了增量文献，丰富了政府扶持民营企业的方式、影响因素及效果的研究。

（4）丰富了利益相关者理论的研究文献。以往关于股权质押对各类利益相关者的影响的文献主要集中于股权质押对股票投资者、债券投资者、审计师、分析师的影响，而鲜有文献研究股权质押对地方政府的影响。本书以民营企业出现股权质押风险为场景，研究了民营企业股权质押对地方政府的利益与行为的影响，从而丰富了利益相关者理论的研究文献。

目　　录

第1章　导论 …… 1

1.1　研究背景和意义 …… 1

1.2　研究目标与内容 …… 8

1.3　研究思路与方法 …… 10

1.4　本书的创新点或贡献 …… 11

第2章　文献回顾 …… 14

2.1　关于股权质押动机及其经济后果的研究 …… 14

2.2　关于政府扶持民营企业的研究 …… 19

2.3　关于政治关联的研究 …… 25

2.4　文献评述 …… 30

第3章　制度背景 …… 32

3.1　民营企业股权质押的动机和风险 …… 32

3.2　地方政府对民营企业的纾困 …… 44

第4章　理论基础 …… 60

4.1　政府干预理论 …… 60

4.2　政治关联理论 …… 64

4.3 利益相关者理论 …… 69
4.4 股权质押的相关理论 …… 72

第 5 章 国有资本参股对地方政府纾解民企股权质押风险影响的实证研究 …… 77

5.1 问题的提出 …… 77
5.2 理论分析与假设提出 …… 80
5.3 研究设计 …… 89
5.4 实证结果分析 …… 94
5.5 本章小结 …… 112

第 6 章 信贷关系对地方政府纾解民企股权质押风险影响的实证研究 …… 113

6.1 问题的提出 …… 113
6.2 理论分析与假设提出 …… 115
6.3 研究设计 …… 122
6.4 实证结果分析 …… 126
6.5 本章小结 …… 146

第 7 章 股权质押关系对地方政府纾解民企股权质押风险影响的实证研究 …… 147

7.1 问题的提出 …… 147
7.2 理论分析与假设提出 …… 148
7.3 研究设计 …… 152
7.4 实证结果分析 …… 156
7.5 本章小结 …… 174

第 8 章 地方政府纾解民企股权质押风险效果的实证研究 …… 176

8.1 问题的提出 …… 176

8.2　理论分析与假设提出 …… 177
8.3　研究设计 …… 180
8.4　实证结果分析 …… 183
8.5　本章小结 …… 196

第9章　研究结论、政策建议与研究展望 …… 198

9.1　研究结论 …… 198
9.2　政策建议 …… 200
9.3　研究不足及未来研究展望 …… 205

参考文献 …… 207

致　　谢 …… 235

第1章　导论

1.1　研究背景和意义

1.1.1　研究背景

近年来，我国民营企业的股权质押风险及其纾解问题，已成为理论界和实务界高度重视的一个重要问题。民营企业股权质押风险是伴随着民营企业股权质押融资的大量实施而产生并积累起来的。由于我国民营企业多年来遭受着信贷歧视带来的融资难的困扰，而股权质押融资具有方便快捷、灵活性强、融资成本适中且不影响控股股东对公司的控制权等优点，因而备受民营企业的青睐，成为民营企业为应对融资难而普遍采用的一种融资方式。中央国债登记结算有限公司数据显示，截至2018年6月30日，中国A股3463家上市公司中有2116家民营企业，这些民营企业均有过股权质押业务，累计质押股份达5229亿股。从还未到解押日期这一口径统计，截至2018年6月30日，2116家民营企业中有1670家股权质押尚未到解押日，质押总股数为4031亿股，总市值达4.56万亿元。

与此同时，民营企业股权质押融资的风险也日益显现。股权质押本身是一种风险较大的融资方式，特别是在近几年股市低迷不振以及金融领域推行降杠杆、严监管政策的背景下，民营企业的股权质押风险愈加暴露。而根据股权质押的强制平仓机制，当某家股权质押企业的股票价格下跌到触及质押所设定的预警线时，质权方有权向出质人发出预警，要求出质人追加担保，当该公司的股价继续下跌进而触及平仓线时，质权方有权将出质人的质押股票作强制平仓处理，无需征得出质人的同意。在近几年来证券市场连续低迷、个股大幅下跌的情况下，这种股权质押的强制平仓机制犹如是一把悬在民营企业头上的“达摩克利斯之剑”，成为影响民营企业生存和发展的一个重大威胁，并且这种风险在民营企业股权质押中具有相当的普遍性。据中央国债登记结算有限公司数据统计，在2018年6月30日当日，在股权质押未解压的1670家上市民营企业中有402家的质押股票触及平仓线，市值达4770亿元，占全部民企尚未解押股票总市值的10%；有440家民营企业的质押股票已到预警线与平仓线区间，市值达3154亿元，占民企尚未解押股票总市值的6.9%。如果放任这些民营企业的股权质押风险爆发，那么除了会给爆发股权质押风险的上市公司自身带来严重危机之外，还可能会造成整个金融市场的动荡，甚至导致系统性金融风险的发生。

那么，当民营企业股权质押发生触及预警线甚至平仓线的风险后，政府是否应当伸出“政府干预之手”帮助民营企业纾解股权质押风险呢？

无论是从民营经济的重要地位和作用还是从政府天然负有的维护经济和金融秩序稳定的公共服务职责来讲，政府都不应对民营企业的股权质押风险坐视不管，而是应当积极作为、有所担当，帮助民营企业纾解股权质押风险。一方面，从民营经济的地位和作用来看，民营经济无疑是我国经济社会发展中十分重要的力量。正如习近平总书记2018年11月1日《在民营企业座谈会上的讲话》中所指出，我国民营经济具有“五六七八九”的特征，即贡献了50%以上的税收，60%以上的国内生产总值，70%以上的技术创新成果，80%以上的城镇劳动就业，90%以上的企业数量。在世界500强企业中，我国民营企业由2010年的1家增加到2018年的28家。我国民营经济已经成为推动我国发展不可或缺的支柱力量，成为创业就业的主要领域、技术创新的重要主体、国家税收的重要来源，为我国社会主义市场经济发展、政府职能转变、农村富余劳动力转移、国际市场开拓等发挥了重要作用。另一方面，从政府的经济职能来看，我国政府负有对经济进行调节、监管和服务的公共职责，其中当然包括了对民营企业经营和发展的服务职能以及对经济、金融秩序的维护职能。当政府所服务的民营企业陷入非正常困境，政府所监管的金融市场也可能爆发系统性风险之时，政府就理所当然地应当伸出干预之手，帮助民营企业纾解风险，同时也避免金融市场爆发危机。此种情形下的政府纾困既是“雪中送炭”，也是“责无旁贷”。

然而，地方政府用于纾困民营企业的资源是有限的，其不可能对所有出现股权质押风险的民营企业都能够予以纾困，因而只能选择部分民营企业进行纾困。那么，地方政府在选择纾困对象时，主要会考量什么因素呢?

习近平总书记 2018 年 11 月 1 日《在民营企业座谈会上的讲话》指出，“对有股权质押平仓风险的民营企业，有关方面和地方要抓紧研究采取特殊措施，帮助企业渡过难关，避免发生企业所有权转移等问题。对地方政府加以引导，对符合经济结构优化升级方向、有前景的民营企业进行必要财务救助。……帮助区域内产业龙头、就业大户、战略新兴行业等关键重点民营企业纾困。”据此，地方政府应该积极扶持那些符合经济结构优化升级方向、有前景、属于战略新兴行业以及区域内的产业龙头、就业大户民营企业。

那么，地方政府在选择纾困对象时是否会更倾向于纾困那些与自身有经济关联的民营企业呢?

已有的研究成果表明，民营企业政治关联有利于其获取更多的银行贷款、财政补贴、税收优惠等政府资源（余明桂和潘红波，2008；张敏等，2010；潘越等，2009；余明桂等，2010；吴文锋等，2009；胡旭阳和史晋川，2008；宋增基等，2014；姚梅洁等，2019）。这里的政治关联主要指民营企业的高管拥有从政、参政的政治背景，包括从政府部门“下海”的人员和曾经或目前担任人民代表大会代表、政协委员等有政府背景的职务，还包括民营企业含有国有资本参股。但是，从经济关联的视角考察政府扶持民营企业的研究较少，特别是在民营企业出现股权质押风险的场景下，从经济关联的视角研究地方政府纾困出现股权质押风险的民营企业的文献相当匮乏。

本书在前人研究的基础上，受上述政治关联研究成果的启发，研究经济关联对民营企业获取地方政府纾困的影响，研究的具体经济关联因素包括国有资本参股、与银行有信贷关系、与国有企业有股权质押关系三个因素。

本书认为，民营企业的经济关联是与民营企业的政治关联在含义上有区别、种类上相并列、作用上相类似的一种关联关系。政治关联属于政治领域的关联关系，联接因素是政府职员的权力，即民营企业由于与政府职员的权力有关联而能够获得政府资源；而经济关联属于经济利益方面的关联关系，联接因素是共同的经济利益，即民营企业由于与政府具有经济利益上的共同利害关系而能够获取政府资源。政治关联一般具有隐秘性和间接性特征，通常以“潜规则”的方式发挥效用，而经济关联具有公开性和直接性特征，可以无需避讳地公开发挥效用。可见，经济关联就是民营企业在经济上与政府具有的共同利害关系，体现了民营企业与政府之间“一荣俱荣、一损俱损”的利益一致性。

虽然学术界少有关于民营企业经济关联的研究成果，但是部分民营企业与政府之间存在着经济关联关系，这是不可否认的客观事实。笔者将民营企业与政府的经济关联概括为以下四种情形：一是因参股关系形成的经济关联，即因国有资本参股民营企业导致该民营企业与政府形成经济关联；二是因债权债务关系形成的经济关联，即因国有企业是民营企业的债权人导致该民营企业与政府形成经济关联，譬如国有银行向民营企业发放贷款；三是因业务合作关系形成的经济关联，即因国有企业与民营企业存在业务合作关系导致该民营企业与政府形成经济关联；四是因担保关系形成的经济关联，即因国有企业为民营企业提供担保导致该民营企业与政府形成经济关联。在上述四种情形下，民营企业与政府的经济利益都具有一致性，因为民营企业的经营成败会影响政府背景的国有企业的经济利益。政府出于维护自身利益的天然动机，就会对与政府有经济关联的民营企业在资源分配上予以倾斜。这种经济关联有助于民营企业获取更多政府资源的推断，与政治关联的效用理论，在逻辑上具有类似性。以往的文献注重揭示民营企业的政治关联对其获取政府资源的积极效应，但是很少关注民营企业的经济关联问题。本书认为，政府的相关行为不仅会受政治关联的影响，也会受经济关联的影响。有的关联因素，譬如国有资本参股，既可以从政治权力的角度来观察，将它认为是一种政治关联，也可以从经济利益的角度来观察，将它认为是一种经济关联，两种关联关系是可以并存的。总之，除了政治关联会影响政府的行为决策之外，经济关联也是影响政府行为决策的因素。

从地方政府的决策动机来看，地方政府在处理经济管理事务时通常会根据保护国有资产、促进地方经济发展、利于官员晋升的需要来选择于己有利的施政方案，由于有经济关联的民营企业与地方政府之间“利益同盟”关系的存在，所以地方政府在处理有关该民营企业的事项时作出的行为决策通常也会有利于该民营企业。据此，在地方政府纾解民营企业股权质押风险这个问题上，地方政府出于保护国有企业和国有资产的动机，可能会对与政府有经济关联的民营企业给予更多的资源倾斜。

基于上述思考，本书认为，经济关联可能会对地方政府纾困民营企业的决策产生影响，地方政府在选择纾困对象时可能会更倾向于纾困那些与政府有经济关联的民营企业。从实践中的常见情况来看，影响地方政府纾困民营企业的经济关联因素主要包括国有资本参股、与银行有信贷关系、与国有企业有股权质押关系三个方面。

本书以 2017 年至 2019 年期间出现股权质押风险的中国 A 股民营上市公司为研究样本，基于经济关联的视角，根据政府干预理论、政治关联理论、利益相关者理论、股权质押的相关理论，从理论上分析国有资本参股、与银行有信贷关系、与国有企业有股权质押关系这三个常见经济关联因素对民营企业获取地方政府纾困的影响，并以中国 A 股民营上市公司股权质押的数据对此进行实证检验。

1.1.2 研究意义

本书主要研究民营企业与政府的经济关联对地方政府纾困民营企业的影响及其效果问题，既是理论界的前沿问题，也是具有重要意义的实践问题，因而具有研究的必要性和紧迫性。概括起来，本书研究具有如下理论意义和现实意义：

（1）理论意义

①有助于从经济关联的视角丰富和拓展政企关系的研究文献。以往关于政治关联的研究主要探讨的是民营企业高管曾经或现在担任政府官员、人民代表大会代表或政协委员等政治关联能给企业带来政府资源获取效应，也有少量文献探讨了国有资本参股这种政治关联方式。本书认为，国有资本参股不仅是一种政治关联，而且也是一种经济关联。目前从经济关联视角研究其对民营企业获取政府扶持的影响的文献较少，特别是从信贷关系、股权质押关系的视角进行研究的文献相当匮乏。本书则以民营企业出现股权质押风险为研究场景，分析和检验了经济关联（包括国有资本参股、与银行的信贷关系、与国有企业的股权质押关系）对民营企业获取地方政府纾困的影响，从而有助于丰富和拓展政企关系的研究文献。

②有助于拓展缓解股权质押风险的手段及效果的研究。以往关于股权质押风险的规避手段的研究，是从上市公司及其大股东的视角，揭示他们如何运用盈余管理、信息披露、税收规避、现金持有、股利

政策、股票回购等市值管理的手段来应对股权质押风险。本书则从地方政府纾困的视角，揭示地方政府纾困能够缓解民营企业股权质押风险的新手段及效果，从而有助于拓展缓解股权质押风险的手段及效果的研究。

③有助于丰富政府扶持民营企业的方式、影响因素及效果的研究文献。以往文献涉及的政府扶持民营企业的方式主要是通过政府补贴、税收优惠、银行贷款等方式对民营企业予以扶持，而本书研究的是在民营企业出现股权质押风险的场景下，地方政府通过纾困（包括股权型纾困和债权型纾困）的方式对出现股权质押风险的民营企业的扶持。在以往关于政府扶持民营企业的影响因素的研究成果中，主要探讨的是政治关联、社会责任、产业政策等因素对政府扶持民营企业的影响，本书在民营企业出现股权质押风险这个新场景下，研究得出了地方政府更倾向于扶持有经济关联的民营企业以及地方政府的扶持能够缓解股权质押风险的结论，从而有助于拓展和丰富政府扶持民营企业的方式、影响因素及效果的研究。

④有助于丰富利益相关者理论的研究文献。以往关于股权质押对各类利益相关者的影响的文献主要集中于股权质押对股票投资者、债券投资者、审计师、分析师的影响，鲜有文献研究股权质押对地方政府的影响。本书以民营企业出现股权质押风险为场景，研究了民营企业股权质押对地方政府的利益与行为的影响，从而有助于丰富利益相关者理论的研究文献。

（2）现实意义

①能够为政府合理遴选纾困的民营企业提供经验证据。本书理论分析并实证检验了国有资本参股、信贷关系、股权质押关系这三个经济关联因素对地方政府选择纾困对象的影响，发现了地方政府选择纾困对象的考量因素与中央政策要求有所“偏离”的现象，能够为政府完善相关政策、合理遴选纾困对象、提高资源配置效率提供经验证据。

②能够为防范和化解民营企业股权质押风险提供重要启示。本书从经济关联的视角，理论分析并实证检验了地方政府纾解民营企业股权质押风险及其效果，揭示了地方政府纾困这一缓解民营企业股权质押风险的新的方法，能够为今后应对股权质押风险提供重要启示。

③能够为政府支持民营企业发展提供有益借鉴。本书研究的地方政府纾解民营企业股权质押风险，是国家大力支持民营企业发展的新举措，体现了政府对民营企业的关怀。本书能够为各级政府今后进一步做好支持民营企业发展提供新的经验和有益借鉴。

④能够为民营企业与政府建立亲清新型政商关系提供实践参考。在当前倡导民营企业与政府之间构建“亲清新型政商关系”的时代背景下，本书揭示了民营企业与政府之间的经济关联有助于民营企业获得地方政府纾困的现象，能够为民营企业建立和优化与政府之间的政企关系提供实践参考。

1.2 研究目标与内容

1.2.1 研究目标

本书拟以政府干预理论、政治关联理论、利益相关者理论和股权质押的相关理论为基础，结合中国这一新兴市场中政府与企业之间的关系，基于经济关联的视角，从理论和实证两方面分析和检验地方政府纾解民营企业股权质押风险及其效果，从而形成对我国政府与企业之间关系构建的新认识。具体来说，本书的研究目标主要包括：

（1）分析地方政府纾解民营企业股权质押风险的动机。

（2）从经济关联的视角，分析和检验地方政府纾解民营企业股权质押风险的影响因素。

（3）分析和检验地方政府纾解民营企业股权质押风险的效果。

1.2.2　研究内容

本书拟研究经济关联的视角下地方政府纾解民营企业股权质押风险及其效果，具体来说，本书拟回答以下四个问题：其一，在出现股权质押风险的民营企业中，国有资本参股是否有助于民营企业获取地方政府纾困呢？其二，在出现股权质押风险的民营企业中，与银行存在信贷关系是否有助于民营企业获取地方政府纾困呢？其三，在出现股权质押风险的民营企业中，与国有企业存在股权质押关系是否有助于民营企业获取地方政府纾困呢？其四，地方政府纾解民营企业股权质押风险的效果如何呢？

本书共分为9章。第1章导论，介绍了本书的研究目的和意义、研究思路和研究方法、研究内容与结构及研究的创新之处。

第2章文献回顾。本章对股权质押的动机及经济后果，政府扶持民营企业的动机、方式、影响因素和经济后果，民营企业建立政治关联的方式及经济后果等方面对现有文献进行梳理。

第3章制度背景。本章首先对股权质押制度、民营企业股权质押的动机和风险等内容进行了概述；其次，论述了地方政府纾困民营企业的动机、渠道、方式以及地方政府更倾向于纾困有经济关联的民营企业的机理等内容。

第4章理论基础。本章先后概述了政府干预理论、政治关联理论、利益相关者理论和股权质押的相关理论，并简述了这些理论在本书中的运用。

第5章国有资本参股对地方政府纾解民企股权质押风险影响的实证研究。首先提出了本章的研究问题，然后立足于本章的理论分析并提出相关研究假设，接着根据研究假设进行研究设计，并运用我国民营上市公司股权质押的数据进行实证检验。

第6章信贷关系对地方政府纾解民企股权质押风险影响的实证研

究。首先提出了研究问题，然后立足于理论分析并提出相关研究假设，接着进行研究设计，并运用我国民营上市公司股权质押的数据进行实证检验。

第 7 章股权质押关系对地方政府纾解民企股权质押风险影响的实证研究。首先提出了研究问题，然后进行理论分析并提出研究假设，接着根据相关研究假设进行研究设计，并运用我国民营上市公司股权质押的数据进行实证检验。

第 8 章地方政府纾解民企股权质押风险效果的实证研究。首先提出了研究问题，然后进行理论分析并提出研究假设，接着根据研究假设进行研究设计，并运用我国民营上市公司股权质押的数据进行实证检验。

第 9 章研究结论、政策建议和未来研究展望。

1.3 研究思路与方法

1.3.1 研究思路

本书从经济关联的视角，理论分析和实证检验了地方政府纾解民营企业股权质押风险及其效果。具体的研究框架如图 1 -1 所示。

1.3.2 研究方法

本书从经济关联的视角研究地方政府纾解民营企业股权质押风险及其效果。本书主要用到了以下研究方法：

第一，规范研究法。本书通过规范研究归纳了国内外学术界关于股权质押的动机及经济后果、政府扶持民营企业的动机、影响因素及经济后果、政治关联的研究，并指出已有研究的不足，并基于

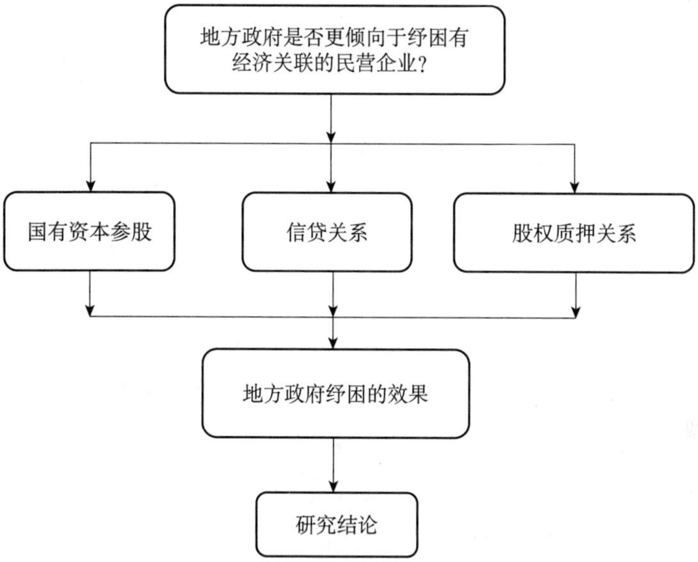

图 1-1　研究框架

我国特定的制度背景和相关的理论基础，从经济关联的视角分析了地方政府纾解民营企业股权质押风险及其效果，进而形成相关的研究假设。

第二，实证研究法。本书选取我国民营上市公司股权质押数据作为研究样本，对本书研究假设进行实证检验。实证分析中运用的方法主要包括：描述性统计、相关性分析、多元线性回归、倾向得分匹配法（PSM）、Heckman 两阶段回归法、工具变量法等方法。

1.4　本书的创新点或贡献

本书基于中国独特的制度背景，以民营企业出现股权质押风险为研究场景，从经济关联的视角，对地方政府纾解民营企业股权质押风险及其效果展开系统的理论分析和实证检验。本书的创新之处或贡献主要体现在以下方面：

1.4.1 从经济关联的视角，丰富和拓展了政企关系的研究文献

以往关于政治关联的研究主要探讨的是民营企业高管曾经或现在担任政府官员、人民代表大会代表或政协委员等政治关联能给企业带来政府资源获取效应，也有少量文献探讨了国有资本参股这种政治关联方式。本书认为，国有资本参股不仅是一种政治关联，而且也是一种经济关联。目前从经济关联视角研究其对民营企业获取政府扶持的影响的文献较少，特别是从信贷关系、股权质押关系的视角进行研究的文献相当匮乏。本书则以民营企业出现股权质押风险为研究场景，分析和检验了经济关联（包括国有资本参股、与银行的信贷关系、与国有企业的股权质押关系）对民营企业获取地方政府纾困的影响，丰富和拓展了政企关系的研究文献。

1.4.2 从地方政府纾困的视角，丰富和拓展了缓解股权质押风险的手段及效果的研究

以往关于股权质押风险应对手段的研究，主要研究了上市公司及其大股东如何缓解股权质押风险问题，揭示他们自身如何运用盈余管理、信息披露、税收规避、现金持有、股利政策、股票回购等市值管理的方法来规避股权质押风险。本书从民营企业与政府的经济关联角度考察了地方政府纾解民营企业股权质押风险及其效果，揭示了地方政府纾困这种缓解民营企业股权质押风险的新手段及效果，从而丰富和拓展了缓解股权质押风险的手段及效果的相关研究。

1.4.3 丰富了政府扶持民营企业的方式、影响因素及效果的研究文献

以往文献涉及的政府扶持民营企业的方式主要是通过政府补贴、

税收优惠、银行贷款等方式对民营企业予以扶持，而本书研究的是在民营企业出现股权质押风险的场景下，地方政府通过纾困（包括股权型纾困和债权型纾困）的方式对出现股权质押风险的民营企业的扶持。在以往关于政府扶持民营企业的影响因素的研究成果中，主要探讨的是政治关联、社会责任、产业政策等因素对政府扶持民营企业的影响，而本书在民营企业出现股权质押风险这个新场景下，研究得出了地方政府更倾向于扶持有经济关联的民营企业以及地方政府的扶持能够缓解股权质押风险的结论，从而为政府“扶持之手”理论提供了增量文献，丰富了政府扶持民营企业的方式、影响因素及效果的研究。

1.4.4　丰富了利益相关者理论的研究文献

以往关于股权质押对各类利益相关者的影响的文献主要集中于股权质押对股票投资者、债券投资者、审计师、分析师的影响，而鲜有文献研究股权质押对地方政府的影响。本书以民营企业出现股权质押风险为场景，研究了民营企业股权质押对地方政府的利益与行为的影响，从而丰富了利益相关者理论的研究文献。

第 2 章　文献回顾

股权质押融资、政府与民营企业之间的关系是公司财务与治理理论的重要研究话题。根据本书的研究目标和研究问题，本章将从股权质押的动机、股权质押的经济后果，政府扶持民营企业动机、影响因素和经济后果、政治关联的效应等方面对国内外相关文献进行回顾和梳理，并对上述相关研究文献进行简要评述。

2.1　关于股权质押动机及其经济后果的研究

股权质押是指股东以其所拥有的公司股权为质押标的物，向证券公司、银行、信托公司等质权人借入所需资金的一种融资行为。近年来，股权质押已经成为我国资本市场上一种非常常见的现象。学者们针对股权质押的研究主要集中于股权质押的动机和股权质押的经济后果两方面。具体内容如下：

2.1.1　关于股权质押动机的研究

关于股权质押的动机，现有文献普遍认为主要是满足大股东的融资需求和大股东的掏空动机两个方面。

第一，满足大股东的融资需求。筹资是大股东动用股权质押的直接诱因，彰显了大股东资金短缺的窘境，因此股权质押的主要动因是为了融资以缓解大股东资金短缺（艾大力和王斌，2012）。而股权质押融资既不需要监管层审批，一般情况下也不会影响大股东的控制权，而且限售股也可以用于质押，尤其在牛市阶段，股权质押融资获得的资金更多。因此，控制权不受影响以及审批程序的便捷使股权质押融资成为了大股东较为青睐的一种融资方式（谢德仁等，2016）。对于民营企业大股东而言，其面临着较为严重的融资约束，因而在有资金需求的情况下，相比于国有企业大股东，民营企业大股东更可能通过股权质押进行融资（王斌等，2013；谢德仁和廖珂，2018）。

第二，大股东的掏空动机。股权质押不仅可以获取资金，还可以增大控制权和现金流量权的分离程度，使大股东能够以较低的成本掏空上市公司（艾大力和王斌，2012）。李旎和郑国坚（2015）认为，大股东股权质押的目的在于利益侵占和“掏空”上市公司，他们发现大股东股权质押融资之前，上市公司往往会进行市值管理。郑国坚等（2014）认为，股权质押是大股东在财务约束情形下进行的占款行为。黎来芳（2005）、李永伟和李若山（2007）分别通过对鸿仪系、明星电力的案例分析发现，大股东常常会通过股权质押来套取现金，以达到掏空上市公司、侵占中小股东利益的目的。

2.1.2　关于股权质押的经济后果研究

学者对于股权质押的经济后果研究较为丰富。关于股权质押对企业及其各类利益相关者的利益与行为的影响研究主要从股权质押的企业、股票投资者、债券投资者、审计师、分析师方面进行了研究。而关于股权质押风险的规避手段研究主要聚焦于控股股东的各种“市值管理”行为的研究。

（1）关于股权质押对企业及其各类利益相关者的利益与行为的影响研究

股权质押可能会给企业及其各类利益相关者的利益与行为带来影响。现有文献主要集中于股权质押对股权质押的企业、股票投资者、债券投资者、审计师、分析师的影响。具体内容如下：

①股权质押对股权质押企业的影响。对于股权质押的企业而言，股权质押会降低公司投资效率（柯艳蓉和李玉敏，2019），损害公司业绩和价值（郝项超和梁琪，2009；郑国坚等，2014）。股权质押还可能促使控股股东隐藏“坏消息”以掩盖其侵占中小股东利益和损害公司价值的行为，进而增加了公司信息披露违规的概率（张晨宇和武剑锋，2019），降低了公司风险承担水平（何威风等，2018；Dou et al.，2019），增加了公司的股价崩盘风险（夏常源和贾凡胜，2019）。此外，股权质押不仅还会增加上市公司与外部资金提供者之间的信息不对称，加剧上市公司的融资约束（唐玮等，2019），增加上市公司权益资本成本（王化成等，2019），而且使上市公司更可能选择低质量的审计师（徐会超等，2019）。

②股权质押对股票投资者的影响。对于股票投资者而言，股权质押可能导致公司控股股东发生变更，使控股股东的控制权收益丧失（谢德仁等，2016）。股权质押还会加剧控股股东对上市公司资金的占用程度，强化控股股东对中小股东的侵占效应，使中小股东的利益受损，（郝项超和梁琪，2009；郑国坚等，2014）。

③股权质押对债券投资者的影响。对于债券投资者而言，欧阳才越等（2018）研究了控股股东股权质押与新发行公司债券定价的关系，他们研究发现，控股股东股权质押所带来的控制权转移风险会提高公司未来战略、经营管理制度和政策以及高管人员的变更风险，这会增加债券投资者的投资风险，进而推高债券信用利差水平。张雪莹和王聪聪（2020）研究了控股股东股权质押对上市公司债券信用评级和定价的影响，研究发现，控股股东股权质押对公司债券发行时的信用评级具有负向影响，对债券信用利差有正向影响，进而推升发债融资成本。

④股权质押对审计师的影响。对于审计师而言，股权质押可能加剧大股东侵占中小股东利益的行为，导致公司业绩变差，进而增加审计师的业务风险，而大股东为了维稳股价以规避控制权转移风险，会

增加盈余管理动机，这将降低财务信息质量，进而增加审计师的审计风险，使审计师收取更高的审计费用、出具更多的“非标”审计意见（张龙平等，2016；翟胜宝等，2017；张俊瑞等，2017）。

⑤股权质押对分析师的影响。对于分析师而言，股权质押会降低分析师的独立性。谢德仁等（2019）研究发现，相较于非质权人券商分析师，质权人券商分析师对出质人公司的荐股评级更加乐观，以稳定甚至提升股价，进而降低股权质押风险。郑涵歆和潘煜双（2019）也研究发现，若券商与公司有股权质押业务关联，券商旗下分析师对该公司发布的投资评级更偏乐观，使得分析师独立性降低。张等（Zhang et al.，2020）研究发现，基于股票质押交易产生的关联关系会影响分析师评级，即相对于非关联分析师，关联分析师对于股权质押上市公司给出的推荐评级更高。他们进一步检验发现，关联分析师的盈余预测偏差更大、精确度更低。

（2）关于股权质押风险的规避手段研究

现有关于股权质押风险的规避手段研究非常丰富，学者们普遍认为控股股东会进行各种“市值管理”行为以规避股权质押风险。为了规避股权质押带来的控制权转移风险，控股股东在股权质押之后有较大的动机通过正向盈余管理、披露好消息而隐藏坏消息、税收规避、持有更多现金、“高送转”股利政策、股票回购、慈善捐赠、削减创新投入、保守的经营和投资政策等“市值管理”手段以维稳或提升股价。具体内容如下：

①控股股东通过盈余管理以规避股权质押风险。学者们对于控股股东（或大股东）通过盈余管理来规避股权质押带来的控制权转移风险的研究较为丰富。王斌和宋春霞（2015）较早研究了大股东股权质押与盈余管理的关系，他们认为，大股东股权质押可能带来控制权转移风险，因此上市公司会进行相对更低的应计盈余管理以及相对更高的真实盈余管理。阿西娅等（Asija et al.，2016）基于印度数据得出了类似的研究结论，他们研究发现控股股东股权质押之后会减少

应计盈余管理而增加真实盈余管理，以达到粉饰业绩和降低控制权转移风险的目的。他们认为，这可能是由于真实盈余管理更加隐蔽，更不容易被发现。陈德萍和陆星廷（2017）、谢德仁和廖珂（2018）研究发现，控股股东为了降低控制权转移风险，会倾向于进行向上真实盈余管理以粉饰业绩，提升股价。谢德仁和廖珂（2018）进一步研究发现，存在控股股东股权质押的公司的应计盈余管理程度也更高，这与谢德仁等（2016）发现控股股东股权质押后会通过应计盈余管理避免控制权转移进而降低股价崩盘风险的研究结论类似，但与王斌和宋春霞（2015）、阿西娅等（2016）的研究结论相反。黄和薛（Huang and Xue，2016）基于我国非国有上市公司股权质押的数据，研究发现，出于维护控制权考虑，控股股东在股权质押之后会更倾向于进行盈余平滑。谢德仁等（2017）研究发现，控股股东股权质押之后会将开发支出资本化以进行正向盈余管理，降低控制权转移风险。

②控股股东通过信息披露以规避股权质押风险。关于股权质押带来的控制权转移风险与信息披露的研究，钱爱民和张晨宇（2018）、李常青和幸伟（2017）认为控股股东（或大股东）股权质押期间，公司更可能披露好消息而隐藏坏消息来缓解控制权转移风险，李常青和幸伟（2017）进一步发现，好消息更可能在交易日披露，坏消息更可能在非交易日披露，并且只有在股价下跌临近平仓线时，控股股东才干预上市公司信息披露，该行为能显著提升股价，化解股价下跌的危机。类似地，谢德仁等（2016）研究发现控股股东股权质押后会通过信息披露操纵来避免控制权转移进而降低股价崩盘风险。黎来芳和陈占燎（2018）也研究发现控股股东存在股权质押时，其信息披露管理的机会主义动机更明显，信息披露质量更差。

③控股股东通过税收规避、现金持有、股利政策等手段以规避股权质押风险。除了上文所提及的盈余管理、信息披露之外，控股股东还可能通过其他“市值管理”手段以规避股权质押带来的控制权转移风险。这些手段主要包括税收规避、现金持有、股利政策、股票回

购、保守的经营和投资政策、慈善捐赠、削减创新投入等。王雄元等（2018）认为，信息披露、盈余管理等手段对股价的支撑是暂时的。他们认为，由于税收规避会减少缴纳给国家的税款，真正增加企业的现金流，提升企业业绩，那么控股股东为缓解控制权转移风险有较强的动机从事税收规避活动。李常青等（2018）研究发现，当控股股东股权质押比例高于临界值时，控股股东为了降低股价触及平仓线的可能性以规避控制权转移风险，会要求上市公司持有更多现金。廖珂等（2018）、何平林等（2018）研究发现，当控股股东进行了股权质押时，上市公司更可能推出"高送转"的利润分配方案，回避或降低现金股利的倾向更高，以降低控制权转移风险。陈等（Chan et al.，2015）研究发现，当股价跌到质押警戒线附近时，进行股权质押的公司内部人倾向于动用公司资源进行股票回购以维稳股价，降低控制权转移风险。窦等（Dou et al.，2017）认为，质押内部人倾向于采取保守的经营和投资政策来缓解股权质押风险。富钰媛和苑泽明（2019）、胡珺等（2020）研究发现控股股东会通过进行慈善捐赠以维稳公司股价，规避股权质押带来的控制权转移风险。李常青等（2018）研究发现，控股股东会通过削减创新投入以支撑股价，达到缓解股权质押带来的控制权转移风险的目的。

2.2　关于政府扶持民营企业的研究

政府扶持民营企业的研究是学术界广泛关注的热点话题，学术界对于该方面的研究较为丰富。目前关于政府扶持民营企业的研究，可以归纳为政府扶持民营企业的动机、影响因素及其经济后果。

2.2.1　政府扶持民营企业的动机

就政府扶持民营企业的动机而言，学术界对此方面的研究主要集中于促进地区经济发展、维持社会稳定、实现政府官员的政治晋升目标的动机。

（1）增加地方的GDP，实现经济目标

为了增加地区财政收入，实现GDP和税收最大化，促进地区经济增长，政府会为地区内的民营企业提供政府补助等扶持政策（Jin et al.，2005；Xu，2011）。王克敏等（2015）认为，政府为了促进地区经济发展，会为地区拟上市公司提供更多政府补助，加速公司上市进程，尤其是对于作为区域发展的重要引擎的民营上市公司而言（Xu，2011）。洪银兴和曹勇（1996）认为，为了在短时间内提高地区经济总值，地方政府会使用政府补贴政策以显著促进地区投资增长，进而迅速提高地区经济总值。王文甫等（2014）研究发现，为实现地区的GDP和税收最大化，地方政府会增强对大企业和重点企业的干预，向其提供更多政府补助。金等（Jin et al.，2005）认为，当可以分享企业发展带来的税收收入以促进地方经济增长时，地方政府有较强的动机出台企业扶持政策。王克敏等（2017）认为，为了增加地区财政收入，促进地区经济增长，受产业政策鼓励或重点支持的公司获取政府补助较多。

（2）提高就业和社会养老，维持社会稳定，实现社会目标

对于政府而言，提高就业、社会养老，维持社会稳定也是政府的重要职责之一。唐清泉和罗党论（2007）认为，由于民营经济对提供当地就业水平等社会目标实现所做的贡献较大，政府会对民营经济给予较多的政府补贴。潘红波等（2008）认为地方政府有动机干预辖区内企业的经营，以尽可能降低社会失业率、维护社会稳定。唐雪松等（2010）认为，地方政府承担着经济社会发展、保障就业等责任。李维安等（2015）认为，政府在享有社会资源分配权力的同时，也承担着维护社会稳定的职能，如救济社会弱势群体、应对地区重大灾难、提供社会服务等，因此，政府会帮助慈善捐赠较多的民营企业获取更多的信贷资源。白等（Bai et al.，2000）、张敏

等（2013）认为，政府为了维护社会稳定，会帮助慈善捐赠较多的企业获取更多的政府补贴，并且发现民营企业的慈善捐赠获取的政府补贴少于国有企业。

（3）地方官员的政治晋升目标

从政治目的角度的研究指出，政府扶持辖区内的民营企业不一定是为了提升社会整体的福利，而是为了自身的利益或是实现自身的政治目的（Shleifer and Vishny，1994，1998）。我国地方官员的晋升体系类似于锦标赛模型，地方官员的政治晋升与本地区的经济增长相挂钩（Li and Zhou，2005；周黎安，2004，2007；Xu，2011）。张敏等（2013）认为，地方官员的政治晋升目标也是政府通过发放更多的政府补贴来扶持民营企业的动机之一。谭劲松和郑国坚（2004）认为，政府行为往往在表现为其承担的各种经济目标和社会目标的同时，又经常表现为领导的个人政治目标。皮奥特罗斯基和张（Piotroski and Zhang，2014）认为，省长或省委书记会在政治晋升前加速该省公司上市进程，通过提升地方资本市场发展水平以增加其政治资本。

2.2.2　政府扶持民营企业的方式

目前文献中涉及的政府扶持民营企业的方式主要包括政府补贴、税收优惠、银行贷款等方式。弗莱和施莱弗（Frye and Shleifer，1997）认为在经济的转型与发展过程中，政府补贴是政府扮演“扶持之手”最直接、最重要的手段之一，以引导某些产业发展或抑制某些经济行为方式。孔东民等（2013）、朱松和陈运森（2009）发现政府会通过政府补贴的方式来支持那些亏损较严重的民营企业。王红建等（2015）认为政府更倾向于对具有发展潜力的民营企业予以政府补贴的方式进行救急行为，以帮助其度过临时性财务困境。张敏等（2013）研究发现政府对于慈善捐赠较多的民营企业给予的政府补贴越多。韩超等（2017）认为，政府补助是比较重要且直接的政府配置资源的手段。郭剑花和杜兴强（2011）、钱爱民等（2015）认为，政府通过对民营企业给予较多政府补助的方式来扶持民营企业。余明桂等（2010）认为，政府通过对民营企业给予更多的财政补贴的方式来支持具有政治关联的民营企业。吴文锋等（2009）认为，政府通过税收优惠的方式倾向于扶持政治关联的民营企业。张敦力和李四海（2012）认为，政府通过给予民营企业更多的银行贷款的方式以扶持具有政治联系的民营企业。李姝和谢晓嫣（2014）认为，政府对社会责任承担较多的民营企业给予的银行贷款较多。

2.2.3 影响政府扶持民营企业的因素

关于影响政府扶持民营企业的因素，学者们主要从社会责任、政治关联、产业政策、亏损、争取上市资格或配股、增发等角度进行了研究。具体内容如下：

（1）社会责任

民营企业承担社会责任能够与政府建立一种政治关系，获得政治声誉以及有政治还价的资本，进而有助于民营企业获取政府扶持。例如郭剑花和杜兴强（2011）研究发现，民营企业承担的雇员负担越重，其获得的政府补助越多，验证了林毅夫等（2005）对预算软约束的政策性负担解释。李姝和谢晓嫣（2014）认为，社会责任承担有助于民营企业获取政府资源，他们研究发现，民营企业承担社会责任越大，越有助于其获得银行贷款。李维安等（2015）认为，慈善捐赠影响了政府对信贷分配的干预，发现慈善捐赠有助于民营企业获得债务融资，证实了民营企业通过慈善捐赠“购买”金融资源的行为。戴亦一等（2014）认为，政府换届之后的慈善捐赠确实能为民营企业带来政府补助。张敏等（2013）研究发现企业的慈善捐赠越多，获得的政府补贴收入越多，而相对于国有企业，民营企业的慈善捐赠获取政府补贴的效应更弱。

（2）政治关联

许多学者认为政治关联有助于民营企业获取政府补助、财政补贴、政府补贴等政府扶持。潘越等（2009）研究发现政治关联对民营企业处于财务困境时获取政府补助有显著的正面影响。此外，法乔等（Faccio et al.，2007）、余明桂等（2010）、郭剑花和杜兴强（2011）也认为具有政治关联的企业更容易获得政府补助或财政补贴。陈冬华（2003）认为我国上市公司中具有政府部门任职背景的董事比例越高，上市公司在IPO后获得的政府补贴收入越多。

（3）产业政策

关于产业政策与政府扶持的关系受到学者的关注。郭杰等（2019）研究发现，符合产业政策的民营企业获得了政府扶持，表现为实际税率水平更低，并且发现地方政府财政收入水平越高，实际税率下降幅度越大。钱爱民等（2015）发现，与未受产业政策支持的公司相比，受产业政策支持的公司获得了更多的政府补助；受产业政策支持的民营企业比国有企业获得的政府补助更少。王克敏等（2017）研究发现受产业政策鼓励或重点支持的公司获得了政府支持，包括企业获得的政府补助和长期负债较多。邵敏和包群（2011）认为政府更倾向于将政府补贴配置给高新技术产业和公共事业行业。

（4）亏损状态

有学者研究了亏损的民营企业与政府扶持的关系。他们利用大样本的实证研究证实了政府会扶持处于亏损状态的民营企业，特别是对于那些具有良好发展前景的民营企业，政府有动机予以扶持。陈晓和李静（2001）、孔东民等（2013）认为，政府对于亏损边缘的民营企业给予了更多的政府补贴。王红建等（2015）认为，政府更倾向于对亏损较小且具有良好发展前景的民营企业进行“救急性”的政府补贴，而对于国有企业更倾向于救穷行为。韩超（2014）研究发现地方政府补贴更倾向于向亏损企业进行补贴，体现了“政府救助”的地方政府偏好，并且发现政府补贴更加青睐民营企业和地方国有企业。朱松和陈运森（2009）研究发现，政府补贴力度受到企业亏损程度的影响，对于容易实现扭亏为盈的企业，政府补贴力度较大；对于前一年亏损、当年补贴后能够盈利的企业，政府补贴力度更大；上市公司避免连续亏损的动机越强，政府补贴力度越大。

（5）争取上市资格或配股、增发

陈晓和李静（2001）发现处于配股边缘的企业获得了更多的政府补贴，并且处于配股边缘的民营企业与国有企业在获得政府补贴方面无显著差异。陈等（Chen et al.，2008）也发现处于配股边缘的公司获得的政府补贴较多，并且发现如果没有地方政府的财政支持，近一半的已配股公司得不到配股资格。阿哈罗尼等（Aharony et al.，2000）指出，为了帮助本地企业赢得上市资格和配股增发权，地方政府常常通过财政补贴、减免税赋、税收返还等方式帮助企业提高业绩，满足监管部门制定的硬性指标要求。

2.2.4 政府扶持民营企业的经济后果

关于政府扶持民营企业的经济后果研究，大多数文献认为政府扶持对民营企业绩效具有正面影响，也有文献认为政府扶持对民营企业绩效具有多重影响。

潘越等（2009）以沪深两市的ST上市公司为研究样本，考察了政府补助的效果，研究发现政府补助可以在救助当年明显改善民营企业的业绩，并且发现政治关联较弱的民营企业获得的政府补助对企业的长期业绩提升作用显著，但对于较强政治关联的民营企业的政府补助的长期业绩提升作用不显著。孔东民和李天赏（2014）深入考察了政府补贴对企业的影响与后果，研究发现，政府补贴对于提升民营企业的绩效和社会责任具有积极作用，并且发现民营企业在利用政府补贴提高企业的经营绩效与社会绩效方面的能力显著强于国有企业。王红建等（2015）以A股亏损上市公司为研究样本，研究发现，政府对民营企业的政府补贴的救急行为有助于提升民营企业的公司价值。陈艳利等（2015）以陷入财务困境的上市公司为研究样本，检验政府干预对困境企业经营绩效的影响，研究发现政府干预程度越大，处于困境中的民营企业的经营绩效越好，并且处于困境中的民营企业的经营绩效的提升效果好于国有企业。唐清泉和罗党论（2007）发现政府补助有助于其社会效益，并没有增强民营企业的经济效益。余明桂等（2010）认为，具有政治关联的民营企业获得的财政补贴与企业绩效、社会绩效负相关，而不具有政治关联的民营企业获得的财政补贴与企业绩效、社会绩效正相关。

2.3 关于政治关联的研究

关于政治关联的研究较为丰富，目前主要包括民营企业建立政治关联的方式、民营企业建立政治关联的经济后果两方面。从现有关于民营企业建立政治关联的方式的研究来看，大多数学者关注的政治关联方式主要是民营企业高管“参政”这种政治关联方式。关于民营企业建立政治关联的经济后果研究，包括政治关联带来的资源获取和价值提升等正面效应以及损害企业价值等负面效应两方面。具体内容如下：

2.3.1 民营企业建立政治关联的方式

（1）民营企业高管“参政”

关于民营企业建立政治关联的方式，目前大多数文献把民营企业高管曾经或现在是政府官员、担任人民代表大会代表、政协委员等职务视作民营企业建立了政治关联。对于民营企业而言，若有前任政府官员在民营企业任职，则认为该企业有政治关联，该企业在很大程度上会被视为具有良好发展前景或是对社会贡献较大的企业（Li et al.，2008）。民营企业家通过参与各种政治活动或担任政治职务，例如担任人大代表、政协委员等，则认为该企业有政治关联（孙铮等，2005）。贾明和张喆（2010）指出，如果企业董事长或总经理曾经或目前是政府官员、人民代表大会代表或政协委员，则该企业有政治关联。王永进和盛丹（2012）则指出，只要企业的董事会中有政府官员，或者总经理由政府任命或是党员，就认为该企业有政治关联。刘林（2016）认为，若民营企业高管曾任政府官员，那么该民营企业是具有政治关联的企业。许多研究表明，民营企业与政府建立的政治关联，如民营企业家曾经或现在是各级人民代表大会代表、政协委员、政府官员等，其行为目标主要在于接近政治权力中心，从而谋求非市场化利益和寻求产权保护（江伟和李斌，2006；余明桂和潘红波，2008；Li et al.，2008；李维安和邱艾超，2010）。

（2）国有股权参股民营企业

近几年有少数研究认为，若民营企业含有国有股权参股，则该民营企业被视为与政府建立了政治关联。宋增基等（2014）认为，国有股权与政府有着天然的内在联系，民营企业通过在所有权安排时有意引入或保留国有股权便与政府建立了一种“共生关系”，国有股权的引入成为民营企业与政府之间的“关系”纽带，这就使得民营企业与政府建立了政治关联关系。余汉等（2017）的研究将民营企业中含有的国有股权视为一种重要的政治关联方式。姚梅洁等（2019）也认为民营企业含有国有股权是一种政治关联方式，并指出民营企业含有国有股权成为民营企业应对不利制度环境的一种替代制度。

2.3.2 民营企业建立政治关联的经济后果

目前对于民营企业建立政治关联的经济后果研究，大多数学者主要关注民营企业高管“参政”（即拥有政府背景，曾经或现在担任人民代表大会代表、政协委员等职务）这类政治关联的影响，他们研究发现，政治关联有助于民营企业获得融资便利、行业准入、政府补助、财政补贴、税收优惠等一系列政府资源，给企业带来经济利益，提升企业价值。然而，政府也可能会要求具有政治关联的民营企业承担社会职能以及要求企业积极参与公益事业等，这些都会给企业带来额外的负担，进而干扰企业决策和扭曲企业行为，损害企业价值。

（1）政治关联的正面效应

目前关于政治关联有助于民营企业获取资源的研究，主要包括民营企业高管“参政”以及国有股权参股两方面的政治关联对于民营企业获取资源的正面效应，具体内容如下：

①民营企业高管“参政”有助于企业获取资源，提升企业价值。大多数研究认为，民营企业高管“参政”能给民营企业带来融资便利、行业准入、政府补助、财政补贴、税收优惠等资源，进而提升企业价值。

第一，融资便利。约翰逊和米顿（Johnson and Mitton，2003）、赫瓦贾和米安（Khwaja and Mian，2005）、法乔等（Faccio et al.，2006）、克莱森等（Claessens et al.，2008）、范等（Fan et al.，2008）认为，与不具有政治关联的企业相比，具有政治关联的企业更容易获得银行贷款、获得的贷款更多。李等（Li et al.，2008）、余明桂和潘红波（2008）、张敏等（2010）、张敦力和李四海（2012）、何镜清等（2013）研究发现，具有政治关联的民营企业更容易获得更多的银行贷款和较长的贷款期限，余明桂和潘红波（2008）进一步发现，在经济发展水平越落后、政府干预程度越大的地区，政治关系获取贷款便利的效应越明显。罗党论和甄丽明（2008）认为，相比于不具有政治关联的民营企业，具有政治关联的民营企业所受到的融资约束更小，并且政治关联的这种效应在金融发展水平越低的地区越明显。于蔚等（2012）指出，政治关联缓解民营企业融资约束的机制是信息效应和资源效应，认为政治关联不仅能够起到信号发送功能，降低资金供求双方的信息不对称，还能强化民营企业的资源获取能力，进而缓解民营企业融资约束。

第二，行业准入。胡旭阳和史晋川（2008）、罗党论和唐清泉（2009）发现有政治关联的民营企业更容易进入政府管制行业。斯蒂格勒（Stigler，1971）、克罗兹纳和斯特拉曼（Kroszner and Stratmann，1998）认为，当政治关联企业出现违规事项时，政府会对其放松管制，而对于政治关联企业的竞争对手，政府则会对其加强管制。张敏和黄继承（2009）认为，具有政治关联的民营企业越容易获得多元化资源，进行多元化经营。

第三，政府补助或财政补贴。法乔等（Faccio et al.，2007）、潘越等（2009）、郭剑花和杜兴强（2011）认为，相比于不具有政治关联的企业，具有政治关联的企业更容易获得政府补助。余明桂等（2010）研究发现，政治关联有助于民营企业获取财政补贴，并且在制度环境较差的地区，政治关联带来的财政补贴效应更为显著。

第四，税收优惠。阿迪希卡里等（Adihikari et al.，2006）认为，政治联系有助于企业获得更多税收优惠，承担的税负较轻。吴文锋等（2009）基于中国民营上市公司的经验数据，实证检验了民营企业高管具有政府任职经历对企业获取税收优惠的影响。他们研究发现，高管具有政府背景的民营企业在所得税适用税率和实际所得税率上都要显著低于高管没有政府背景的民营企业，表明政治关联有助于民营企业获取税收优惠。

第五，提升民营企业价值。有学者研究了政治关联对民营企业价值的影响，发现政治关联对企业价值有显著的正面影响。吴文锋等（2008）以我国民营上市公司为研究样本，发现民营企业高管的地方政府工作背景对民营企业的价值有显著的正面影响。罗党论和黄琼宇（2008）也发现，相比于不具有政治关联的民营企业，具有政治关联的民营企业的价值更高。

②国有股权参股有助于企业获取资源，提升民营企业绩效。近几

年，有学者开始关注民营企业国有股权参股对企业获取资源的影响，目前的几篇较具代表性的实证研究发现，民营企业含有国有股权参股有助于企业获取银行贷款（宋增基等，2014；姚梅洁等，2019）、降低税负（郝阳和龚六堂，2017）、高壁垒行业准入（余汉等，2017；姚梅洁等，2019）等资源，进而提升民营企业绩效（郝阳和龚六堂，2017；余汉等，2017）。

（2）政治关联的负面效应

除了上述资源获取效应，有部分学者认为民营企业高管“参政”这种政治关联还可能给民营企业带来税收负担、过度雇佣、过度投资、慈善捐赠、创新乏力以及降低民营企业价值的负面效应。

①带来税收负担。与吴文锋等（2009）认为，政治关联有助于民营企业获取税收优惠有所不同，冯延超（2012）却认为，具有政治关联的民营企业为了维护既有的政治地位，承担了更多的税收负担，具体内容为：政治关联民营企业的综合税负要显著高于非政治关联民营企业，并且民营企业政治关联强度越高，则综合税负也越高。

②雇员负担过重。施莱弗和维什尼（Shleifer and Vishny，1994）、伯特兰等（Bertrand et al.，2007）认为，为了实现保障就业等社会目标，政府官员会向政治关联企业提供政府补贴，换取企业对劳动力的超额雇佣。梁莱歆和冯延超（2010）、郭剑花和杜兴强（2011）发现，相比于无政治关联企业，政治关联企业有更高的雇员规模和薪酬成本，并且政治关联程度越高，则雇员规模就越大、薪酬成本越高。这一经验证据表明，政府为实现“保就业、促增长、护稳定”的政策目标，会伸出“有形之手”干预企业运行。

③产生过度投资。张敏等（2010）、梁莱歆和冯延超（2010）等学者以中国民营上市公司为研究样本，考察了政治关联是否会导致民营企业过度投资。张敏等（2010）研究发现，政治关联企业更容易获取银行长期贷款，但获得贷款后往往会进行过度投资。梁莱歆和冯延超（2010）也认为，政治关联企业更有可能进行过度投资。

④较多的慈善捐赠。政治关联企业为了更好地维持既有的政企关系，会积极响应各级政府的慈善捐赠号召（杜兴强等，2010）。与此同时，民营企业家参政提升了自身的社会关注度，被社会公众赋予了更高的道德要求，促使民营企业承担更多的社会责任（梁建等，2010）。上述两个方面的原因使得政治关联将会对民营企业的慈善捐赠行为产生影响。梁建等（2010）、高勇强等（2011）、杜兴强等（2010）、贾明和张喆（2010）研究发现，民营企业家参政会对企业的慈善捐赠行为和捐赠水平产生显著的正面影响。

⑤削弱企业创新。陈爽英等（2010）研究发现，民营企业家通过政治关联获取了“政治租金”后，更倾向于投资经营风险低、市场稳定、获利快的项目，而更不愿意从事经营风险高、研发周期长、市场不确定性大的创新活动。杨其静（2011）认为，政治关联对企业的研发投资倾向和研发投资强度都有显著的负面影响。江雅雯等（2011）也发现，政治关联弱化了企业的创新动力。

⑥降低民营企业价值。邓建平和曾勇（2009）发现政治关联会损害企业价值。杜兴强等（2009）发现民营上市公司的政府官员类政治关联对公司业绩有显著负面影响。余明桂等（2010）认为，有政治关联的民营企业获得的财政补贴与企业绩效及社会绩效负相关。

2.4 文献评述

以往关于政治关联的研究主要集中于民营企业建立政治关联的形式及经济后果的研究，目前大多数文献研究的是民营企业高管通过曾经或现在是政府官员、担任人民代表大会代表、政协委员等职务来建立政治关联，进而给企业带来银行贷款、税收优惠、财政补贴等政府资源获取效应，通过国有股权参股民营企业的方式建立政治关联的研究较少。虽然有学者研究了国有股权参股对民营企业获取政府资源的影响，但该研究只是在政治关联的视野和理论框架内来论述问题，而并没有注意到国有股权参股同时也是一种经济关联。目前学术界从民营企业的经济关联视角研究经济关联对民营企业获取政府资源的影响的文献较少，特别是从信贷关系、股权质押关系的视角进行研究的文献相当匮乏。本书则从民营企业经济关联的视角，以民营企业出现股权质押风险为研究场景，探究经济关联（国有资本参股、与银行的信贷关系、与国有企业的股权质押关系）对民营企业获取地方政府纾困的影响，以期丰富和拓展政企关系的研究文献。

从已有文献可见，学者们分别从盈余管理、信息披露、税收规避、现金持有、股利政策、股票回购等方面探究了股权质押风险的规避问题。但是，鲜有文献从地方政府纾困的视角研究缓解股权质押风险问题。民营企业是国民经济的重要组成部分，近年来地方政府纾解民营企业股权质押风险的事件越来越多，而相关研究却很少，因此很有必要进行研究。本书将从地方政府纾困的视角探究民营企业股权质押风险的缓解问题，以期丰富和拓展缓解股权质押风险的手段及效果的文献。

以往文献涉及的政府扶持民营企业的方式主要是通过政府补贴、税收优惠、银行贷款等方式对民营企业予以扶持，而鲜有文献以民营企业出现股权质押风险为场景，探究地方政府通过纾困（包括股权型纾困和债权型纾困）的方式对出现股权质押风险的民营企业的扶持。

纵观已有研究，学者们关于股权质押对各类利益相关者的影响研究较为丰富。但是以往关于股权质押对各类利益相关者的影响研究主要从股票投资者、债券投资者、审计师、分析师方面进行考察，鲜有文献从地方政府的视角研究股权质押对地方政府的利益与行为的影响。本书以民营企业出现股权质押风险为研究场景，探究民营企业股权质押对地方政府的利益与行为的影响，以期丰富利益相关者理论的研究文献。

第3章 制度背景

本章将介绍地方政府纾解民营企业股权质押风险的相关制度背景，主要阐述民营企业股权质押融资的动机和风险、地方政府对民营企业的纾困，以期为后文的理论分析和实证研究提供铺垫。

3.1 民营企业股权质押的动机和风险

3.1.1 股权质押融资的法律规范和运作机制

（1）股权质押融资的法律规范

股权质押是一种融资方式，借款人以股东拥有的股权作为质押物向金融机构或者第三方借入资金，当借款人到期不能偿还债务时，质权人可以依照约定就质押的股份变价受偿，或将该股份出售并就其所得价款优先受偿。我国关于股权质押的法律法规主要有：

①基本制度。关于股权质押融资的基本制度，《中华人民共和国担保法》（以下简称《担保法》）和《中华人民共和国物权法》（以下简称《物权法》）先后作了规定。我国1995年实施的《担保法》规定了质押担保制度，并且明确规定股票权利可以质押，这就从法律上肯定了股权质押的合法性。关于股权质押合同的形式，《担保法》规定，以依法可以转让的股票出质的，出质人与质权人应当订立书面合同，并向证券登记机构办理出质登记。2007年实施的《物权法》进一步将股权质押权规定为物权的一种表现形式，并规定了股权质押

的两种登记设立方式：以证券登记结算机构登记的股权出质的，质权自证券登记结算机构办理出质登记时设立；以其他股权出质的，质权自工商行政管理部门办理出质登记时设立。至此，《担保法》和《物权法》奠定了股权质押融资的基本制度。

②具体规定。在上述《担保法》和《物权法》规定了股权质押融资基本制度之外，我国还有以下两个规范性文件对上市公司股权质押融资作了具体规定：

第一个规范性文件是《证券公司股票质押贷款管理办法》。这部法规起初是由中国人民银行、中国证券监督管理委员会于 2000 年 2 月联合颁布的。该办法明确规定了股票质押贷款的期限、利率、比例限制和警戒线、平仓线标准等主要条款。

到了 2004 年 11 月，中国人民银行、中国银监会、中国证监会等三部委对原来中国人民银行、中国证券监督管理委员会于 2000 年 2 月联合颁布的《证券公司股票质押贷款管理办法》进行了重新制定并发布。修订后的《证券公司股票质押贷款管理办法》共分八章四十四条，分别对贷款人、借款人、贷款的期限、利率、质押率、贷款程序、贷款风险控制、质物的保管和处分以及处罚办法等进行了详细规定。根据新的《证券公司股票质押贷款管理办法》，股票质押贷款期限由原有的最长不超过 6 个月延长至最长不超过一年，并且明确规定了股票质押的质押率标准和警戒线、平仓线标准；股票质押的质押率最高不能超过 60%，警戒线（质押股票市值 ÷ 贷款本金 × 100%）最低为 135%，平仓线（质押股票市值 ÷ 贷款本金 × 100%）最低为 120%；在质押股票市值与贷款本金之比降至警戒线时，贷款人应要求借款人及时补足因证券价格下跌造成的质押价值缺口；在质押股票市值与贷款本金之比降至平仓线时，贷款人应及时出售质押股票，所得款项用于还本付息，余款清退给借款人，不足部分由借款人清偿。

另一个规范性文件是上海证券交易所、深圳证券交易所分别发布的《股票质押式回购交易及登记结算业务办法（试行）》。2013 年 5

月 24 日，上海证券交易所与中国证券登记结算有限责任公司联合发布了适用于上交所交易股票的《股票质押式回购交易及登记结算业务办法（试行）》。同日，深圳交易所与中国证券登记结算有限责任公司也发布了适用于深圳证券交易所交易股票的《股票质押式回购交易及登记结算业务办法（试行）》。以上两个《办法》的主要内容基本一致，都详细规定了股票质押式回购的定义、业务流程、交易主体、标的证券、回购期限、交易时间、交易申报类型、质押率、证券权益、个人客户和机构客户需提交材料等各个方面的具体操作办法。规定符合条件的资金融入方（简称“融入方”）可以以其所持有的股票作质押，向符合条件的资金融出方（简称“融出方”）融入资金，并约定在未来返还资金、解除质押，股票质押回购期限不超过 3 年。这意味着，通过交易所渠道进行股权质押融入资金后，最长还款期限可达到 3 年。当时出台的这个试行办法的政策导向是引导、鼓励各相关方积极开展股权质押融资，拓宽融资渠道，发挥股票的融资功能。

到了 2018 年 1 月 12 日，经中国证监会批准，上海证券交易所、深圳证券交易所双双与中国证券登记结算有限责任公司，分别发布了各自的《股票质押式回购交易及登记结算业务办法（2018 年修订)》(以下简称《业务办法》)，并自 2018 年 3 月 12 日起正式实施。本次修订主要针对 2015 年下半年大规模开展股票质押融资造成金融风险问题（当时出现各种加杠杆、股票全数质押、质押率高于 60% 等情况)，贯彻了金融去杠杆、防范化解重大金融风险的政策精神，加强了对股权质押融资业务的风险管控。

修订内容主要包括三个方面：一是进一步聚焦服务实体经济定位。明确禁止金融机构或其发行的产品作为资金的融入方，要求融入的资金必须用于实体经济生产经营并专户管理，要求融入方的首笔初始交易金额不得低于 500 万元，后续每笔不得低于 50 万元，不再允许基金、债券作为初始质押标的。二是进一步强化风险管理。明确规定股票质押率上限不得超过 60%，单一证券公司、单一资管产品作为融出方接受单只 A 股股票质押比例分别不得超过 30%、15%，单只 A 股股票市场整体质押比例不超过 50%。三是进一步规范业务运作。明确证券公司开展业务的资质条件，要求证券公司建立融入方信用风险持续管理及资金用途跟踪管理机制。同时，为了减轻对存量业务的影响，新的《业务办法》规定将适用“新老划断”原则，相关修订内容仅适用于新增合约，此前已存续的合约可以按照原有规定执行和办理延期，不需要提前了结。总体看来，本次修订的政策方向是适当收紧了股权质押融资业务，缩小了融资主体的范围，提高了股权质押融资的要求，加强了对资金的跟踪监管，有利于防止股权质押风险的进一步积累。

（2）股权质押融资的运作机制

股票质押业务的正常业务流程是，上市公司股东以自身持有的股权质押给质权方（券商、银行等）以约定的利率融入资金，到期后归还借款、解冻质押证券。其本质上是上市公司大股东融资的一种方式。

上市公司股票质押分为场内质押和场外质押两种。简单来讲，委托证券公司远程办理的股票质押业务称为场内质押，而直接到中国证券登记结算有限公司营业大厅办理的股票质押业务称为场外质押。前者是标准业务，后者是非标业务。

在风险控制方面，场内质押都要设定质押率、预警线、平仓线等风控标准，场内质押的风控标准是行业惯例。一般而言，场内质押的预警线平均为股价的 150%，平仓线为股价的 130% 左右，质押率一般在 30%—60% 之间，平均利率为年化 8%，质押期限不得超过 3 年。假设一只股票基准价格为 10 元，质押率为 50%，融资利率为年化 8%，预警线和平仓线分别为 150% 和 130%，则预警价 = 5 元 ×（1 + 8%）×150% = 8.1 元，平仓价 = 5 元 ×（1 + 8%）×130% = 7.02 元。场外质押的质押率、警戒线、平仓线、利率、期限则没有明确限制，具体条件由当事人协商约定，大多以场内质押的标准为参照。

在股票质押期间，当质押股票市值除以质押融资额低于警戒线时，质权人（资金融出方）将通知出质人（资金融入方）追加担保物或补充保证金，但不作强制性要求。当质押股票市值除以质押融资额低于平仓线时，质权人将要求出质人追加担保物或补充保证金，直到履约保障水平恢复至平仓线以上，否则质权人有权采取平仓措施，无需征得出质人同意。

3.1.2 民营企业股权质押的动机

大约从2010年开始，A股的股权质押业务开始盛行，此后股权质押的规模越来越大，2015年至2018年期间是股权质押总市值的高峰期。民营企业的股权质押融资十分普遍。那么，为什么民营企业会大量进行股权质押呢？以往有学者研究了股权质押的融资动机和掏空动机（艾大力和王斌，2012；李旎和郑国坚，2015）。本书在前人观点的基础上，结合民营企业的特点，将民营企业股权质押的动机概况为以下四种：

（1）应对融资难、融资贵的动机

筹集资金是大股东动用股权质押的直接诱因。一般而言，民营企业及其大股东需要大量的资金用于公司的经营和发展，其自身资金不宽裕，常常求钱若渴，对外融资的需求强烈。但是，由于民营企业普遍存在自身资质不佳、信用较差的问题，同时商业银行对民营企业的慎贷和信贷歧视仍然存在，因此民营企业多年来一直遭受融资难、融资贵的困扰。基于所有权性质的对民营企业的信贷歧视是中国金融体系中的特殊现象（李广子和刘力，2009）。众多研究从贷款期限、贷款金额、贷款成本、会计稳健性需求等方面证明，我国银行尤其是国有银行对民营企业存在信贷歧视（Brandt and Li，2003；江伟和李斌，2006；方军雄，2007；陆正飞等，2009；程六兵和刘峰，2013；陈耿等，2015）。虽然近年来国家一再鼓励商业银行加大对民营企业、中小微企业的信贷支持力度，陆续出台了定向降准、优化考核等一系列关照民营企业的信贷政策，但是民营企业与国有企业相比在享受信贷资源的待遇上仍然存在差别。根据沈坤荣和赵亮（2019）的调查统计，2017 年以来，中国货币金融环境保持中性偏紧态势，在整体偏紧的金融市场环境中，民营企业受到的融资约束较国有企业更强。分所有制来看，2016 年大型企业中的国有控股企业获得了 73% 的银行信贷资源，而民营企业仅获得 16%，与其在国民经济中的份额不相匹配。在直接融资方面，2018 年 1 月至 11 月共有 405 只企业债券发行上市，总规模 3359 亿元，平均每只 8.3 亿元，加权平均票面利率约 6.5%；其中由民营企业发行的债券仅 6 只，总规模 20 亿元，平均每只 3.3 亿元，加权平均票面利率约 7.2%。民营企业债券融资额仅占企业债发行总规模的 0.6%，而融资成本则高 0.7 个百分点。更多的民营、小微企业无法参与正规金融市场，只能通过互联网 P2P 借款、民间小额借贷等渠道筹集资金。在 2017 年以后，国家又大力推进去杠杆、严监管、防风险的金融政策，在消解信托、资管、互联网金融等非正规金融市场潜藏风险的同时，客观上进一步加剧了民营企业融资难的程度，使得以前投融资扩张过快的民营企业面临着很大的资金周转压力。

为了应对融资难、融资贵，民营企业大量采取股权质押的融资方式。而股权质押融资是民营企业应对融资难、满足融资需求的一项重要手段（艾大力和王斌，2012）。一方面，上市公司的股票是一种便利快捷的融资工具，很适合上市公司的股东将其用来作为融资的质押物。另一方面，股权质押融资可以使民营企业遭受的信贷歧视程度大大降低。民营上市公司在采取股权质押这种融资方式时，相比正常情况下比国有企业低人一等的受歧视情形基本上不复存在。这是因为，上市公司的股票是一种市场上流动性很好的担保物，不管是民营企业的股票还是国有企业的股票，在股票市场上的变现能力没有显著区别，其“姓公姓私”的所有权性质差异可以被忽略不计。因此，股权质押是特别适合上市公司应对融资难的一种融资方式，它可以使民营企业扬长避短，避开缺少其他有效抵押物的劣势，最大限度地发挥公司股权的质押作用来对外融资。

（2）享用融资便利的动机

有些民营企业即使有其他渠道可以融资，它仍然会采取股权质押这种融资方式，这是股权质押融资的便利性优势所决定的。审批程序的便捷促使控股股东对股权质押融资青睐有加（谢德仁等，2016）。相比于一般融资方式，股权质押融资具有以下几个方面的特点，能给民营企业带来融资便利。

①股权质押融资的相关法律法规完备，操作过程安全可靠，风险极低。对股权质押融资，国家颁布的法律和相关主管部门颁布的《证券公司股票质押贷款管理办法》《股票质押式回购交易及登记结算业务办法》已经作了完善的规定，具体操作办法十分详尽，办理起来安全可靠，不易发生欺诈、疏漏等意外风险，相关业务主体可以安心办理。

②股权质押融资的业务流程比较简单，手续快捷便利。经过多年来的实践检验，股权质押已经成为金融机构开展的一项十分成熟的常规业务，股票的价值容易评估，相关操作方式已经形成固定的套路，业务流程已经规范化、程式化、简单化，无论是融资方、贷款方还是办理该业务的中介业务人员对该种业务都已经十分熟悉，办理起来可以说是轻车熟路，只要条件符合、资料齐全，手续上办起来十分快捷便利。

③股权质押融资的资金成本适中偏低。近年来我国实践中股权质押融资的资金利息成本一般在年化8%左右，虽然略高于一般的银行贷款利率，但是与信托贷款、资管计划贷款、小贷公司借贷和一般民间借贷的利率相比，这个资金成本属于适中偏低的水平，具有较高的

经济性。

（3）维持公司控制权的动机

股权质押融资能够让公司股东在对外融资的同时维持其对公司的控制权不变，控制权的保留是大股东偏爱股权质押融资的一个理由（谢德仁等，2016）。股权质押这种制度设计，使公司股东可以通过股权质押的方式，不必减持公司股票就可以借到资金，既满足了其生产经营中的资金需要，又能保持其持股比例不降低，维持其在公司中的地位、决策权、日常管理权不变，不至于削弱其对公司的控制权。

（4）变相减持股票的动机

如果上市公司股东打算尽快将所持股票卖出套现走人，那么股权质押就是可以考虑的方式之一。大股东常常会以股权质押为手段来套取现金（李永伟和李若山，2007）。虽然股权质押的价格一般为办理质押业务时股票市价的三折到六折，似乎质押率太低，质押人按这个价格套现不合算，但实际上并非全然如此。一方面，如果公司股价不断走低，或者大股东不看好自己公司将来的股价走势，那么大股东就不介意当初质押时的股票折价幅度了。另一方面，由于大股东的原始股成本价通常低廉到几乎可以忽略不计，所以只要能够套现，利润仍然是相当丰厚的。所以，有些股东为了提前将股票套现，就可能进行股权质押。特别是 2017 年中国证监会出台了减持新规之后，大股东减持股票的力度、进程、方式都受到了严格限制，这就更加激发了大股东借助股权质押的方式来变相减持股票的动机。例如，乐视网公司的控股股东贾跃亭将其持有的股票全部质押后于 2017 年出走美国，其股权质押行为存在变相减持套现的重大嫌疑。

（5）盘活账面资产的动机

若民营企业的大股东既不存在融资需求也不打算变相套现，大股东有可能通过股权质押来盘活账面资产，从而发挥其财务功能。大股东所持的公司股票是一种静态的账面资产，如果通过股权质押将其置换成现金或者作为其他经营活动的担保物，就可以让这块资产活动起来，充分发挥财务杠杆效应。即使是处于禁售期的股票，也可以通过股权质押激活其经济能量。所以盘活账面的静态资产也可以是民营企业股权质押的一种动机。

3.1.3 民营企业股权质押的风险

股权质押在给民营企业带来融资便利的同时，也不可避免地含有若干风险。由于股票质押业务本身是质押式贷款业务，它不仅受到经济基本面、政策面和借款人的经营状况、还款能力的影响，还受到股票二级市场大盘行情和个股走势的影响，因此，相对一般质押贷款业务而言，其面临的风险隐患更大、更复杂。以往有学者揭示了股权质押可能导致大股东控制权转移的风险（王斌和宋春霞，2015）。本书认为，股权质押风险是多方面的、复杂的，为了更清晰地梳理股权质押的风险，可以将民营企业股权质押风险划分为两个层次：直接风险与间接风险。

（1）直接风险

股权质押的直接风险是指股权质押后由于股价下跌而可能直接导致的风险，具体包括：

①跌破警戒线而被要求补充担保物的风险。上市公司大股东进行股权质押特别是高比例的股权质押，可能被股票市场参与者理解为大股东资金面紧张、公司现金流不佳、大股东可能要套现走人等看空该公司股价的信号，投资者可能抛售股票，导致公司股价下跌。如果股价跌破警戒线，这时股权质押就出现了较大风险。因为此时质权人就会根据股权质押合同通知融资方补充担保物，虽然这个通知还不是强制性要求，但是对出质人也构成了一种压力。

②跌破平仓线而被强制平仓的风险。如果所质押股票的市场价格在跌破警戒线之后继续下挫，进而跌破平仓线，质权人就有权按照事先的约定强制平仓，收回融资本息。这是股权质押最大的直接风险。

（2）间接风险

股权质押的派生风险是指质押股票跌破警戒线、平仓线或者被强制平仓后，间接导致的各种风险，具体包括：

①大股东违规操作的风险。控股股东的股权质押会增加公司信息披露违规的概率（张晨宇和武剑锋，2019）。上市公司的大股东在进行股权质押后，为了防止股价跌破警戒线的风险和跌破平仓线而被强制平仓的风险，就可能会采取一些违规操作的手段来提振股价，比如抛出虚假利好、违规进行信息披露、故意操纵股价等手段。这对于股市的投资者来说也是需要防范的风险。

②质权人和投资者的流动性风险。股权质押的流动性风险包括两种情况：一是对于质权人来说，出质人如果到期不能偿还借款或者股票跌破平仓线，质权人虽然有权抛售股票收回融资本息，但是未必能将股票及时卖出，因为在该股票急剧大跌的时候可能无人接盘，这就形成了流动性风险。二是对于股市投资者来说，上市公司的大股东在出质股票后，如果遭遇股票大跌逼近警戒线甚至平仓线，就可能会选择让公司股票停牌，等待股市稳定后再重新复牌交易，这种强行打断股票交易连续性的做法会带来股票的流动性风险。

③控股股东丧失公司控制权和信用受损的风险。首先，当控股股东股权质押出现风险之后，这部分质押的股票就可能被部分或者全部平仓，随着其持股份额的下降，可能导致公司控制权的被动转移，原控股股东丧失对公司的控制权。其次，股权质押风险爆发后可能会引起上市公司控股股东的偿债能力下降和信用评价恶化，对控股股东的后续融资产生负面影响（李旎和郑国坚，2015）。

④上市公司经营受困甚至倒闭的风险。控股股东股权质押风险的爆发必然通过股权的纽带影响到上市公司，给上市公司带来一系列派生风险。首先，当质押股权价值下跌时，控股股东将面临增加额外担保品或平仓压力，这时控股股东为了减轻自身风险和压力，通过其控股地位对上市公司中小股东进行“利益剥夺”，损害公司价值，比如

控股股东可能在股权质押后强化控股股东对上市公司的侵占效应（郝项超和梁琪，2009），或通过股权质押变相套现（黎来芳，2006），或加大控股股东对上市公司资金的占用程度（郑国坚等，2014），甚至诱导上市公司违规（张晨宇和武剑锋，2019）。其次，股权质押出现风险会连带导致市场相关主体降低对上市公司偿债能力、业务经营能力和信用的评价，导致上市公司经营困难（欧阳才越等，2018）。再次，股权质押风险一旦失控而爆发强制平仓，导致上市公司控制权的非正常转移后，强行平仓情况下被动接盘的控股股东可能没有经营管理实体产业的意愿和能力，或者被动接盘的都是公众股东，这时上市公司没有真正的控股股东，这样不仅会导致上市公司主营业务的变动或停滞，也会导致管理团队和企业文化的变动，从而引起上市公司的经营管理动荡，容易导致上市公司经营瘫痪甚至倒闭。

⑤股价崩盘的风险和引发系统性金融风险。对于资本市场来说，一旦所质押个股的股价跌破平仓线被强制平仓，那么短期内该股票被抛售的数量就大幅增加，从而进一步加强股票的下跌趋势，形成螺旋式下跌的崩盘局面。由于资本市场的联动关系，单个上市公司股价的崩盘可能导致更多相关股票的跟随下跌，多个上市公司股价的崩盘又可能形成股价崩盘的板块效应。如果众多高比例质押的民营上市公司经营情况不断恶化，致使股价不断下跌，出现大面积强制平仓交易现象，将会造成金融市场动荡，甚至可能引发系统性金融风险（Li et al.，2019）。而大量上市公司的股价崩盘，可能进一步造成后续的公司裁员、倒闭、破产等后果，不但阻碍地方经济的发展，而且影响社会的稳定。

3.1.4 民营企业股权质押风险的现状

如前所述，股权质押融资天然伴随着较大的风险，即一旦股价大幅下跌就可能触发强制平仓机制，进而导致一系列负面后果。而恰恰在2015年股灾之后的数年中，很多民营上市公司股权质押比例不断上升。截至2017年12月31日，大股东股票质押率在90%、80%、70%以上的上市公司分别有339家、453家、612家，其中民营上市公司有292家、394家、533家，占比达86.14%、86.98%、87.09%，过高比例的股权质押蕴含着较大的风险。

与此同时，近几年来国家推进的供给侧改革和防范化解金融风险工作，客观上加剧了民营企业的融资难程度，使民营企业及其股东流动性风险雪上加霜。此前，受供给侧结构性改革推进与环保要求提高的影响，本来民营企业自身造血能力在近年来就有所下降，加上2017年以来，银行等金融机构响应中央的要求，开展降杠杆、防风险工作，收缩了信用体系，民营企业首当其冲，外部资金来源渠道受阻，现金流严重承压，资金不足的困境进一步加剧。在上述两个方面原因的叠加影响下，较多上市公司及其控股股东面临股价下跌和流动性危机的双重夹击，并且呈现股价下跌与流动性风险交互作用并不断恶化的趋势。

我国上市公司近期的股权质押风险状况，可以从统计数据得出直观的感受。根据北京华创证券公司的研究人员于2018年10月发布的股权质押追踪报告《股权质押现状与风险测算》，截至2018年10月16日，全市场股权质押高爆仓风险个股有214家（剔除ST及停牌个股）。其中458家上市公司当前股价距离质押平仓线仅有0—20%下跌空间，占股票质押家数的37.39%；424家上市公司的股票质押风险中等偏高，占股票质押家数的34.61%；265家上市公司的股票质押风险中等偏低，占股票质押家数的21.63%；78家上市公司的股票质押风险低，占股票质押家数的6.37%。在出现股权质押风险的上市公司中，民营企业的占比超过80%，股权质押风险的形势到了十分严峻的程度。

3.2 地方政府对民营企业的纾困

3.2.1 地方政府纾困民营企业的含义和由来

（1）地方政府纾困民营企业的含义

“纾困”意为“缓解困难”，相当于“解救”“救助”的意思。本书所称的地方政府纾困民营企业具有特定的含义，专指我国最近几年各地方政府对部分民营企业面临的股权质押危机和资金紧缺问题而开展的提供资金扶持、帮助其纾解困难的行为，概念上属于政府扶持的一种类型。地方政府纾困民营企业的背景是，近年来民营企业陷入现金流压力大、股权质押风险高企的困境，民营企业面临着资金断裂、股权质押爆仓甚至破产倒闭的危机，地方政府出于保护民营经济发展、维护经济和社会稳定的考虑，对部分民营企业采取了提供资金扶持等纾困措施，从而帮助其缓解股权质押风险和流动性压力。

需要澄清的是，本书所称的地方政府纾困民营企业行为与我国以往多次发生过的政府救市行为不是一个概念，两者存在明显区别。以2015年至2016年股灾期间我国发生的政府救市行为为例，本书所研究的地方政府纾困民营企业行为与之相比，存在以下主要区别：

①主体不同。股灾期间的救市主体是以证金公司和汇金公司为代表的“国家队”，所代表的是中央政府的意志和力量。而本书所称的纾困主体是各地方政府，主要是各个省级、地级市政府。

②对象不同。股灾期间政府救市的对象是股市整体，包括大盘和大多数个股，根据公开交易信息数据，救市初期，“国家队”救市资金的主要火力点集中在中国石油、中国平安、银行板块等大市值权重股，后来转变为大量买入中小板、创业板等中小市值股票，在对象选择上没有特别的针对性。而本书所称的地方政府纾困行为的对象是部

分面临股权质押风险的民营上市公司及其大股东，所选择的对象是有条件限制的。

③措施不同。股灾期间的政府救市采取的是由证金公司、汇金公司委托 21 家国有券商从二级市场大量买入股票、稳住股价的措施。而本书所称的地方政府纾困采取的是由地方政府组织牵头、国有企业出面实施，对目标民营上市公司通过股权方式或者债权方式提供“输血”资金的措施。

④针对的问题不同。股灾期间政府救市针对的问题主要是当时场内融资盘和场外配资盘大肆抛售所形成的螺旋式下跌风险。而本书所称的地方政府纾困针对的问题是部分民营企业股权质押融资所面临的爆仓风险。

⑤目的不同。股灾期间政府救市的目的是缓解整个股市的流动性，防止整体股市急剧下跌引爆系统性金融风险。而本书所称的地方政府纾困的目的是挽救陷入股权质押危机的民营企业，同时也是为了防止发生连锁反应进而引发系统性金融风险。

（2）地方政府纾困民营企业的由来

2017 年之后不断上升的民营企业股权质押风险，客观上催生了地方政府对民营企业的纾困行为。而民营企业的股权质押风险之所以不断上升，可以从以下两个方面来分析其生成背景：

一方面，近年来我国民营上市公司大量采用股权质押的融资方式，但是股权质押融资天然伴随着较大的风险，即一旦股价大幅下跌就可能触发强制平仓机制，进而导致一系列负面后果。而恰恰在 2015 年股灾之后，大部分民营上市公司的股价经历了长达数年的下跌行情，民营上市公司的股票质押被多次要求补充质押，导致民营上市公司及其股东能够用于继续融资的抵押和质押资产越来越少，资金面趋于紧张的同时，股权质押比例也达到了高位。

另一方面，国家推进的供给侧改革和防范化解金融风险工作，客观上加剧了民营企业的融资难程度，使民营企业及其股东流动性风险雪上加霜。此前，受供给侧结构性改革推进与环保要求提高的影响，本来民营企业自身造血能力在近年来就有所下降，加上 2017 年以来，银行等金融机构响应中央的要求，开展降杠杆、防风险工作，收缩了信用体系，民营企业首当其冲，外部资金来源渠道受阻，现金流严重承压，资金不足的困境进一步加剧。

在上述两个方面原因的叠加影响下，较多上市公司及其控股股东面临股价下跌和流动性危机的双重夹击，并且呈现股价下跌与流动性风险交互作用并不断恶化的趋势。

困则思变，正是在民营企业面临股权质押风险、经营活动陷入极大困难的情境下，地方政府对民营企业的纾困行为应运而生了。当民营企业面临股权质押风险时，地方政府基于其经济管理职能，对陷入困境的民营企业出手相救，通过其救助行为来纾解民营企业的股权质押风险，有助于保护当地民营企业的发展，维护经济社会的稳定。这就是地方政府纾解民营企业股权质押风险的产生背景。

2018 年 8 月 24 日，国务院副总理、国务院金融稳定发展委员会主任刘鹤主持召开的一次专题会议。在这次专题会议上，与会人员听取了防范化解上市公司股票质押风险的情况汇报，提出了有关部门和地方要稳中求进，防范化解上市公司股票质押风险要充分发挥市场机制的作用，地方政府和监管部门要创造好的市场环境，鼓励和帮助市场主体主动化解风险。这次会议明确提出的“防范化解上市公司股票质押风险”是一个标志性政策，它代表着地方政府纾困民营企业加快了进程。

在此后一段时间里，国务院相关领导和会议多次发声，要求各地政府和监管部门聚焦解决中小微企业和民营企业融资难题，研究支持民企股权融资，做好防范化解民营企业股权质押风险管理。中国人民银行、中国银保监会、中国证券业协会、中国基金业协会以及地方行业管理部门也迅速跟进，表态支持纾困民营企业。

到了 2018 年 11 月 1 日，纾困民营企业的政策级别再上台阶，上升到了最高领导人出面讲话的级别，习近平总书记《在民营企业座谈会上的讲话》指出：“要解决民营企业融资难融资贵问题；对有股权质押平仓风险的民营企业，有关方面和地方要抓紧研究采取特殊措施，帮助企业渡过难关，避免发生企业所有权转移等问题；对地方政府加以引导，对符合经济结构优化升级方向、有前景的民营企业进行必要财务救助；省级政府和计划单列市可以自筹资金组建政策性救助基金，综合运用多种手段，在严格防止违规举债、严格防范国有资产流失前提下，帮助区域内产业龙头、就业大户、战略新兴行业等关键重点民营企业纾困。”此后，各金融监管部门和各地方政府响应高层的要求，结合自身的工作职责纷纷出台了落实纾困民营企业的相关具体政策。全国各地的政府加大了纾困民营企业的工作力度，加快了推进速度，被纾困的民营企业数量大幅增加，广东、浙江、江苏、湖南、湖北、福建等民营经济发达地区尤其表现积极。

3.2.2　地方政府纾困民营企业的动机

综合起来，地方政府纾困民营企业的动机包括以下几个：

（1）帮助民营企业渡过难关，保护民营经济发展

改革开放 40 多年来，民营经济已经发展成为我国经济活动中的支柱力量，在推动经济增长、增加政府税收、促进劳动就业、推动科技创新、改善人民生活等方面都发挥着不可或缺的重要作用。由于民营企业股权质押风险的爆发将导致质押股票被强制平仓，由此会导致控股股东丧失对公司的掌控权，公司本身也将陷入财务危机、经营困难和管理混乱等严重后果。可以说，民营企业股权质押危机既是控股股东的危机，也是企业本身的危机，还会损害该民营企业的子公司、孙公司的正常经营。民营上市公司一般是当地的产业龙头、就业大户，属于民营经济的中坚力量，受到地方政府的重视，因此当民营上市公司出现股权质押风险时，地方政府有对其纾困的动机。

（2）保护与民营企业相关的国有资产和地方政府的利益

有些民营企业因为存在国有资本参股、国有债权人、国有质权人等情形，涉及国有资产的保值增值问题，所以这些民营企业的股权质押风险可能会蔓延影响到国有企业的利益，从而影响地方政府的利益。地方政府为了保护国有资产，避免自身利益受损，就会有对出现股权质押风险的民营企业进行纾困的动机。

（3）促进区域经济发展，维护社会稳定

研究表明，地方官员之间会围绕 GDP 增长进行“晋升锦标赛”（Blanchard and Shleifer，2001；周黎安，2007），地方政府的官员为了跑赢这个“晋升锦标赛”，当然希望当地的企业包括民营企业能够持续健康发展。民营企业是国民经济的重要支柱，特别是民营上市公司，其大多数是地方政府辖区内有重要影响力的企业，对地方政府的财政收入、GDP 增长、就业等经济目标和社会目标的实现具有举足轻重的作用。各地方政府出于促进当地经济发展，保持区域经济增长的目标，维护社会稳定的考虑，会有帮助当地民营企业纾解股权质押风险的动机。

（4）维护资本市场稳定，防止发生系统性金融风险

由于股权质押强制平仓机制的存在，当股价低于平仓线时就会增大公司股价崩盘的风险（夏常源和贾凡胜，2019）。如果多家公司爆发股权质押风险，就可能在资本市场出现激烈的抛售潮，这时就有引发金融危机的风险。政府作为宏观经济的管理者，必然会设法纾解民营企业的股权质押风险，防止系统性金融风险的爆发。这也符合中央的政策要求。在 2018 年 8 月 24 日国务院金融稳定发展委员会召开防范化解金融风险专题会议明确指出，防范化解上市公司股票质押风险要充分发挥市场机制的作用，地方政府和监管部门要创造好的市场环境，鼓励和帮助市场主体主动化解风险。要通过扎实推进改革开放，创造良好市场预期，维护金融市场稳定。

3.2.3　地方政府纾困民营企业的渠道

地方政府在对民营企业采取纾困行动的过程中，基本上都是借助于纾困基金这个渠道来实施完成的。以下对纾困基金的基本情况予以概述。

（1）纾困基金的发展概况

纾困基金的概念起源于欧洲，在 2010 年欧洲债务危机期间，欧盟和国际货币基金组织为了筹集用以专项救助希腊、西班牙等国的债务危机的资金，设立了 7500 亿欧元的基金，其目的在于纾解债务国的流动性压力，防止债务违约在各个成员国之间形成骨牌效应。从欧债危机中纾困基金的效果来看，尽管在经济利益与政治博弈双重冲击之下的纾困机制运行艰难，但是最终结果显示纾困基金确实缓解了欧债危机的扩大化（杨秋菊和邓小华，2015），也为欧元区后续金融与财政体制改革争取了充足的缓冲期（Moravcsik，2012）。之后，各类政府机关和国际组织发起设立的救援基金，一般都统称为纾困基金。

在我国，纾困基金是本轮地方政府纾困民营企业过程中产生的新生事物，专指近年来各地政府牵头设立的用于帮助民营上市公司及其大股东化解流动性风险和股票质押风险而设立的专项投资资金集合，是一种特殊背景下担负特定任务的金融救助资金。

北京市和深圳市是我国较早探索成立纾困基金的城市。2018 年 9 月，北京市海淀区国有资产监督管理委员会联合东兴证券发起设立了支持优质科技企业发展基金，基金规模 100 亿元，用于帮助民营科技上市公司化解股票质押风险，而首批受益的企业就有典型案例东方园林。2018 年 10 月 13 日，深圳市创新性地提出“建立上市公司债权融资支持机制”和“设立优质上市公司股权投资专项基金”，从债权和股权两方面入手，化解本地上市公司股权质押风险。

2018 年 10 月 19 日，国务院副总理刘鹤就当前经济金融热点问题接受《人民日报》、新华社、中央电视台联合采访时指出，“鼓励地方政府管理的基金、私募股权基金帮助有发展前景的公司纾解股权质押困难。”

此后，各地政府及金融机构响应号召，很快设立了多项纾困基金，用以纾解民营企业的融资困境和股权质押风险。其中，各个地方政府、国有资产监督管理委员会通过其下属的地方国资平台公司设立的专项基金、私募投资基金占比最大，扮演了主力军的作用。其次，通过券商设立的专项资管产品也贡献了不小的份额。据媒体披露汇总，截至 2018 年 11 月下旬，各地政府、券商、私募基金以及部分金融机构发布设立的纾困专项基金目标规模超过 5000 亿元。其中，江西、江苏、海南、北京、上海、广东、浙江、福建、安徽、山东、河南、四川、湖南、吉林、河北等十多个省份的地方政府和国有资产监督管理委员会均已出台相关政策，成立或拟成立纾困专项基金规模合计约 2560 亿元。中国证券业协会发布数据显示，截至 2018 年 11 月 23 日，证券公司支持民企系列资管计划落地规模超 700 亿元。

（2）成立纾困基金的理由

政府之所以需要借助于纾困基金这样一个投资通道来实施对民营企业的纾困，这是市场经济的背景和规律所决定的。因为在市场经济的时代背景下，政府在对困难企业进行救助时，就必须遵守最基本的市场经济法则。虽然政府成立纾困基金的目的是纾解民营企业的流动性压力和股权质押风险，而不以追求自身盈利为主要目的，但是被救助企业毕竟是市场经营者而不是像残疾人、贫困户之类的特殊困难公民，政府不可能把纾困民营企业完全当作一种福利事业来做，不可能直接采取财政拨款的方式来进行，所以政府需要借助于一个金融平台，把这些救助资金以投资的名义来投放给被救助的民营企业，否则就明显违反了市场经济的公平性和效益性原理。

（3）纾困基金的表现形式和资金来源

纾困基金主要表现为专项基金、私募投资基金、资产管理计划等形式，实践中主要有两大类：一类是由政府牵头，通过政府部门下述的投资公司设立的专门用于纾困民营企业的专项基金和私募投资基金。例如，深圳市对民营企业的纾困，很多是通过其下属深圳市高新投集团有限公司、深圳市中小企业信用融资担保集团有限公司等国有投资公司管理的专项纾困基金来实施的。另一类是通过券商、保险、基金等金融机构成立的资产管理计划、保险投资计划、专项投资基金等。例如，广发证券 2018 年 11 月 6 日以自有资金 10 亿元成立的“证券行业支持民企发展系列之广发资管 FOF 单一资产管理计划”就是这种类型的代表。

纾困基金的资金来源主要包括四方面：财政资金、国有企业及金融机构自有资金、银行理财资金和保险资金以及向社会公开募集的资金。

（4）纾困基金的运作管理

纾困基金一般采取行政化发起，市场化运作（吴梓境和张波，2019）。虽然纾困基金的设立带有明显的行政化色彩，但是其设立后的运作一般是由国有投资平台或者金融机构来负责，尽可能按照市场化的要求来安排纾困资金的具体使用。这种市场化运作方式能够使纾困民营企业的行为尽可能地按照市场化法则来进行，避免地方政府过度干预或直接处理对民营企业的纾困行为，妨碍纾困工作的公平和效率。具体而言，纾困基金主要有以下两种运作管理模式：一种是政府部门下属的国资平台设立的纾困基金，一般由地方政府或者国企指派基金管理人负责运作；另一种是证券公司和私募股权基金设立纾困基金，通常由该机构担任基金管理人负责运作。

3.2.4　地方政府纾困民营企业的方式

地方政府纾困民营企业的方式主要包括债权型纾困、股权型纾困两大类型。

（1）债权型纾困

债权型纾困就是由政府牵头的纾困基金向目标民营企业提供资金，双方之间形成的是一种金钱上的债权债务关系的纾困方式。例如，2018年11月8日，广东正业科技股份有限公司（简称正大科技）的控股股东正业实业、实际控制人之一徐地华与国资背景纾困基金东莞市上市莞企发展投资合伙企业签订了《投融资合作协议》，该纾困基金将向正大科技的控股股东和实际控制人徐地华提供投融资资金支持，首批支持资金不低于4亿元，用于降低正大科技的股权质押风险，缓解流动性风险。

债权型纾困的优点是，救助与被救助双方之间法律关系简单明确，涉及的事项比较单纯，操作起来相对便利，时效性强（郭琳，2019），一般来说资金能够很快到位，能够迅速地化解上市公司及其大股东的资金流缺口危机和股票质押平仓风险。

但是，债权型纾困本质上仍然是负债，目标民营企业的负债规模不能因此而降低，债权型纾困只是帮助民营企业暂时度过债务危机。所以债权型纾困对被救助一方的资质要求较高，比较适合于经营和盈利能力较好但是短期出现资金缺口的民营公司。

债权型纾困的具体方式包括质押融资、转质押和借款三种类型。

①质押融资。质押融资就是政府背景的纾困基金向目标民营企业或者其大股东提供借贷资金，该大股东将其所持的民营上市公司股票质押给对方作为还款担保的一种方式。地方政府出于纾困民营企业的考虑，可以在质押条件、质押率、利率、质押期限等方面给予一定的优惠，以缓解该民营企业的资金压力。此外，政府背景的纾困基金一般不会轻易对触及平仓线的质押股票进行强制平仓，因此来自政府平台的股权质押融资的平仓风险一般较小。但是这种方式主要适用于股权质押比例还不是特别高因而还有剩余股票可用于质押融资的民营上市公司。如果大股东的股权质押比例原本已经很高的情况下，其将缺少剩余的股权进行质押，此时可考虑采取下一种纾困方式即转质押的

方式。

②转质押。转质押实质上是一种“借新还旧”的操作方式，它是由纾困基金向民营上市公司大股东提供过桥资金，用于偿还其到期债务从而解除其原来向债权人办理的股权质押，然后该大股东再将这部分释放出来的股份重新办理质押融资。大股东重新办理股票质押融资的相对方，通常就是纾困基金，也可以是其他金融机构。对于民营上市公司大股东而言，转质押可以帮助其缓解短期的流动性压力，避免发生债务违约和股票平仓风险，维持公司信用。另外，新办理的股权质押融资可能会比原来的质押方案在融资金额、期限、质押率、利率、平仓线设置等方面更加优惠，从而在一定程度上改善大股东的资金困境，降低股票平仓风险。

③借款。纾困基金向需要资金支持的民营上市公司或其大股东提供借款支持，这也是债权型纾困的方式之一。在这种方式下，借款方不提供上市公司的股票作为质押，通常需要提供其他资产如土地、厂房或者子公司的股权作为抵押物，或者由第三方提供担保。例如，2018 年 12 月 19 日，广东奥马科技股份有限公司（简称“奥马电器”）陷入资金紧缺的困境，但是其控股股东的股权质押比例已达 100%，在这种情况下，中山市国有资产监督管理委员会下属企业中山金融投资控股有限公司（简称“中山金控”）与奥马科技签订了《合作框架协议》，向奥马科技提供 9.7 亿元规模的纾困融资，主要用于偿还奥马科技的债务，奥马科技以其持有的广东奥马冰箱有限公司 100% 股权为质押担保。

（2）股权型纾困

股权型纾困是指由纾困基金向面临资金流断裂风险的民营企业投资入股的一种纾困方式。

对于该民营企业来说，这种以股份换取资金的方式具有两个优点：一是能够切实减少债务规模和负债比例，从根本上改善公司的财务状况，化解流动性风险。二是引入具有国资背景的股东，能够提升公司的社会影响力和后续融资能力，优化经营环境，带来更多业务机会。

但是，股权型纾困的劣势在于，民营企业的大股东需要转让出一部分公司股份，造成其对公司控制权的削弱甚至丧失。所以，对于多数民营企业大股东而言，放弃一部分股份甚至控制权将是一个艰难的选择。一般而言，如果公司或大股东认为债务压力尚可承受，一段时期后现金流状况有希望好转，一般会优先考虑通过举债获得短期应急资金；如果感到债务压力过大，继续举债有困难，或者对未来经营的现金流情况预期悲观或不明，可能会选择转让股权或者控制权。而从纾困基金的角度来说，在通过专业判断选择出有成长前景的民营企业之后，相对偏好能够获取长期收益的股权型纾困（郭琳，2019）。

股权型纾困的具体方式包括协议转让股份、大宗交易转让股份、参与上市公司定向增发和对上市公司的子公司、孙公司增资扩股等几种类型。

①协议转让股份。上市公司大股东可以与地方国资平台或者金融机构签订股权转让协议，将其所持有的部分股份有偿转让给地方国企平台或者金融机构，从而获得一笔股权转让的对价资金，缓解流动性压力。上市公司的股东获得资金后，可以用于解除部分股权质押，缓解股权质押风险。

②大宗交易转让股份。大宗交易是指达到最低限额的证券单笔买卖，买卖双方一致申报并经交易所大宗交易平台确定成交的证券交易。大宗交易的优势在于，与一般的协议转让相比，采用大宗交易方式转让股份的灵活度较高，受让股份的退出约束较少。对于作为投资方的纾困基金而言，如果是通过大宗交易增持上市公司股份且未成为上市公司大股东或该股份交易对象非上市公司大股东，则取得的上市公司股票不受锁定期及减持比例的约束，其退出显然将更为灵活。

③参与上市公司定向增发。纾困方可以以现金认购上市公司定向增发的股份，为上市公司提供股本金支持，增加上市公司的流动资金

并为其后续发展提供资金助力。由于定向增发须经过中国证监会审核并由券商承销，从决策到实施完成所需花费的时间较长，而地方政府纾困民营企业一般都是需要急迫实施的事项，其时效性要求较高，因此定向增发这种纾困方式的实施难度较大，很难常规化使用，只能是一种特殊的纾困方式。

④对上市公司的子公司、孙公司增资扩股。国资背景的纾困基金对民营上市公司的子公司或者孙公司增资扩股，从而实现对该上市公司的间接“输血”，也是纾困民营企业的一种方式。例如，2018 年 11 月 7 日，易事特集团股份有限公司（简称易事特）发布公告披露，易事特及其实际控制人与纾困基金东莞市上市莞企发展投资合伙企业（简称莞企发展基金）签订了《股权投资合作协议》，由莞企发展基金对易事特的全资子公司易事特电力系统技术有限公司（简称易事特电力）进行增资并持有增资完成后易事特电力 49% 的股权。又如，2018 年 11 月，中国农业银行全资控股的农银金融资产投资有限公司向“东方园林”的全资孙公司东方园林集团环保有限公司（以下简称环保集团）增资 10 亿元，农银金融资产投资有限公司作为战略投资者入股环保集团，有利于降低上市公司的杠杆率，改善其现金流。

在股权型纾困实践中，有时会出现表决权委托的情形。表决权委托现象是本轮纾困中比较特殊的情形，下面予以简要解释和说明。

第一种表决权委托是民资股东将表决权委托给国资股东。这种表决权委托的方向与前述情形正好相反，是指在纾困基金入股民营企业后，公司的民资股东将其表决权委托给国资股东行使。这种股权转让加表决权委托将导致公司控制权转让（郭琳，2019）。芜湖长信科技股份有限公司（简称长信科技）被纾困案就属于这种情形。2018 年 10 月 25 日，长信科技的控股股东新疆润丰和德普特投资与国资背景的芜湖铁元投资有限公司（简称铁元投资）签订《股份转让协议》，前者将长信科技 11.81% 股份转让给后者，同时新疆润丰将其所持有上市公司 5% 的股份所涉及的表决权、提案权等相应股东权利委托给铁元投资行使。至此，铁元投资成为长信科技的控股股东，长信科技也由民营企业变为地方国有企业。

第二种表决权委托是国资股东将表决权委托给民资股东。国有资本在对民营企业采用股权型纾困方式后，该国有资本就成为了所救助的民营上市公司的股东，正常情况下也就相应地取得了作为股东的表决权。但是实际上，有些股权型纾困同时还附加了股东表决权的委托，也就是纾困方不行使自己作为股东所享有的表决权，而是将其表决权让渡给原来的民资股东行使。实践中这种表决权委托不是普遍现象，但是也并非个例。典型的表决权委托案例是，2018年11月19日，台州市政府牵头设立的纾困基金台州农银凤凰金桂投资合伙企业（简称农银凤凰）以人民币73219万元的对价协议受让了浙江水晶光电科技股份有限公司（简称“水晶光电”）的控股股东星星集团有限公司（简称星星集团）名下的7300万股股票（占公司总股本的8.46%），但是作为股票受让方的农银凤凰明确表示，其将与星星集团签署一致行动协议，在持股期间构成星星集团的一致行动人。这种国有资本入股民营企业的运作方式，完全不会削弱控股股东的表决权和公司控制权，充分体现了地方政府纾困民营企业的真心和诚意。并且不排除将来合适的时候，由控股股东再将公司股份予以回购。

作为纾困方的国资股东不独立行使表决权的机理在于：一方面，一些地方国企受让民营企业的动因在于纾解其股权质押风险和流动性危机，并不想要谋求对民营企业的经营管理权和控制权；另一方面，一些民营企业的控股股东也未必愿意让国有资本参与上市公司的经营决策，可能对国资入股在某种程度上心存顾虑，希望自己对公司经营管理的自主性不受影响。双方心有灵犀，一拍即合，于是达成了国有企业受让民营上市公司股权后又委托原股东行使表决权的合意。应该说，这种制度安排具有一定的特殊意义，对被纾困民营企业的控股股东来说是令其安心的方面，控股股东的经营决策权不会受到影响。

3.2.5 地方政府更倾向于纾困有经济关联的民营企业的机理

随着我国民营经济的蓬勃发展，民营企业越来越注重与政府建立关联关系。民营企业积极构建关联关系的背后隐藏着各种动机，比如谋求企业发展、获得产权保护、规避制度风险等动机（封思贤等，2012）。在转型经济和新兴市场中，法律、产权保护、金融发展、政府干预等方面的制度缺陷严重制约了民营企业的发展，而民营企业通过与政府构建关联关系能够在一定程度上缓解这些制度缺陷对民营企业发展的阻碍（连军等，2011）。以往关于民营企业与政府建立关联关系的研究主要聚焦于民营企业建立政治关联（即民营企业高管曾经或现在担任人民代表大会代表、政协委员或具有政府背景等），而本书研究的是另一类关联关系，即民营企业与政府之间的经济关联。

本书认为，民营企业的经济关联是与民营企业的政治关联在含义上有区别、种类上相并列、作用上相类似的一种关联关系。政治关联属于政治领域的关联关系，联接因素是政府职员的权力，即民营企业由于与政府职员的权力有关联而能够获得政府资源，如银行贷款、税收优惠、政府补贴等资源；而经济关联属于经济利益方面的关联关系，连接因素是共同的经济利益，即民营企业由于与政府具有经济利益上的共同利害关系而能够获取政府资源。政治关联一般具有隐秘性和间接性特征，通常以“潜规则”的方式发挥效用，而经济关联具有公开性和直接性特征，可以无需避讳地公开发挥效用。邵云飞等（2019）、姚梅洁等（2019）认为国有股权参股这种显性的关联关系比民营企业高管参政等“潜规则”式的关联关系在获取政府扶持方面能够发挥更大的效应。本书研究的是经济关联对民营企业获取地方政府纾困的影响。地方政府之所以更倾向于纾困有经济关联的民营企业，其主要机理在于以下几个方面。

（1）经济关联促使民营企业与政府形成经济利益同盟

民营企业与政府建立的经济关联，使民营企业与政府的经济利益相互捆绑，成为了利益共同体。相比于民营企业家曾经或现在担任人民代表大会代表、政协委员或具有政府背景等政治关联方式，民营控股公司在股权结构中引入或保留国有股权是一种显性的政治关联方式（邵云飞等，2019），并且是一种深层次的民营企业与政府之间的利益联结（姚梅洁等，2019），这也是一种民营企业与政府之间的经济关联。当国有资本参股民营企业时，由于国有股的存在，民营企业陷入困境时更容易获得政府的救济（宋增基等，2014），即便企业由于经营不善陷入财务困境，基于国有股东与民营企业的共同利益，政府会在必要时通过出台政策等方式给予援助（宋增基等，2014）。此外，民营企业通过向银行借款这一间接融资方式是民营企业融资的主要方式。那么，民营企业与银行之间建立的信贷关系，也是一种常见的经济关联。当民营企业与银行存在信贷关系时，由于目前的商业银行绝大多数为国有商业银行，而国有商业银行的实际控制人为政府，这就形成了民营企业与政府的利益共同体，若民营企业银行借款无法及时偿还，这将给政府带来经济利益损失，政府有动机救助这类民营企业。另外，民营企业经济关联的常见方式还包括民营企业与国有企业之间的股权质押关系。当民营企业股权质押业务的质权人为国有企业时，这也形成了民营企业与政府的利益共同体，促使具有经济关联的民营企业更可能获得政府扶持。因此，基于利益共同体的考虑，当民营企业出现股权质押风险后，地方政府为了防止国有资产流失，达到国有资产保值增值的目的，会更倾向于纾困有经济关联的民营企业。

（2）经济关联给民营企业带来了资源获取效应

民营企业与政府建立经济关联，能够有助于民营企业获取政府资源。例如，若民营控股公司含有国有股权，国有股东能够为民营控股公司带来便利的经济资源。由于国有股权具有与政府的“天然”联系，因此，含有国有股权的民营企业在市场中获得了一种制度层面的信用担保，即当民营企业面临经营困境时，政府会给予必要的支持，比如为其提供更多的融资机会（宋增基等，2014；姚梅洁等，2019），使其更容易进入高壁垒行业（姚梅洁等，2019）。

另外，国有资本参股民营企业，不仅是民营企业与政府之间的经济关联，也为民营企业与政府之间建立了政治关联（余汉等，2017）。而政治关联能够避免相关部门对民营企业的勒索或对私有产权的侵占，在发生经济纠纷时可以得到政府官员的帮助（连军等，2011），从而降低了企业的经营风险（于蔚等，2012），有助于民营企业获取银行贷款（余明桂和潘红波，2008；于蔚等，2012）、税收优惠（吴文锋等，2009）、政府补贴（潘越等，2009；余明桂等，2010）、行业准入资格（罗党论和唐清泉，2009）等政府资源和政策性优惠。因此，当民营企业出现股权质押风险后，经济关联带来的资源获取效应使地方政府更倾向于纾困有经济关联的民营企业。

（3）经济关联向外界传递了积极的声誉信号

任何想要发展壮大的民营企业都有激励与政府建立关联关系，相较于企业家参政或与政府官员建立私人交往关系，在股权结构中引入或保留国有股权带来的声誉信号更为确定和长远，其具有跨期和跨区域可信度，被外界解读为一种稳定的制度层面联系（姚梅洁等，2019）。民营控股公司中含有的国有股东发挥了传递企业获得政府支持及企业实力信号的作用，是一种重要的声誉机制，向市场释放出民营企业与政府关系“密切”的积极信号，有助于民营企业获得金融机构的青睐（姚梅洁等，2019）及额外的发展机会以促进民营企业的发展（宋增基等，2014）。另外，民营企业与银行的信贷关系，向外界传递了该民营企业资质信用较好的声誉信号（白俊和连立帅，2012），这种信号效应有助于民营企业获取政府的扶持（于蔚等，2012）。因此，民营企业建立经济关联向社会和政府传递出该民营企业较好的声誉信号，发挥了信号传递的作用，当民营企业出现股权质押风险后，经济关联的信号传递效用使地方政府更倾向于纾困有经济关联的民营企业。

第 4 章　理论基础

本章将阐述本书的主要理论基础，具体包括政府干预理论、政治关联理论、利益相关者理论和股权质押的相关理论。

4.1　政府干预理论

政府干预经济活动是全球的普遍现象（Faccio et al.，2006），政府干预理论也是经济学和管理学的重要基础理论。各国学者对政府干预经济活动的动机、效果以及政府干预对企业经营活动的影响等方面进行了大量的研究，并形成了比较成熟的理论。

4.1.1　市场失灵理论

市场失灵理论是针对古典经济学的自由竞争理论的缺陷，为了弥补市场机制的不足而提出的理论。所谓市场失灵，就是由于垄断、外部性、信息不完全和属于公共物品领域等原因，仅仅依靠市场本身的价格机制无法实现资源配置效率的最优化。此时必须由政府进行干预。这就是市场失灵理论的核心观点。

根据古典自由主义经济学家的普遍观点，一旦个体都只顾追求自身利益最大化时，会出现一只“看不见的手”对个体行为进行引导，促使他们为全体公众最佳福利的实现而付诸相应行动，这只“看不见的手”就是市场。在一个自由竞争的市场环境中，政府不需要对经济活动进行干预以维护正常的自由竞争环境，只要在经济活动中扮演好“守业者”的角色（Adam Smith，1776）。在完全竞争条件下，所有的资源在市场这只“看不见的手”的调节下能够得到最为充分、合理和有效的配置和利用。

20 世纪 30 年代美国经济危机爆发引起的世界性经济大萧条使人们更加充分地意识到，虽然市场这只“看不见的手”在资源配置中的重要作用是不能被轻易替代的，但在一些特定条件下，市场也会失效，致使资源不能完全依靠市场得到有效配置，这就是市场失灵。市场失灵容易导致各种经济和社会问题，如产生大量失业、贫富差距被拉大、出现货币混乱、过度环境污染等问题。在市场失灵时，政府的职能必须从“守夜人”转为对经济实施一定程度的干预甚至重大的干预，对市场潜在的缺陷进行一定程度的弥补和修复，从而有效缓解市场失灵所引发的各种问题。

凯恩斯是政府干预理论重要的奠基人之一。他在《就业、利息和货币通论》一书中指出了古典自由主义经济学理论的一些缺陷，建议政府应该对经济实施干预政策，弥补市场“失灵”的缺陷，以促进经济增长和维护社会稳定等诸多方面，并在此基础上，提出了著名的凯恩斯理论。凯恩斯理论的中心思想是，既然市场失灵的情况在现实中难以避免，那么，要实现经济均衡发展，不能单纯依靠自由竞争的市场机制，还必须建立科学规范的政府，并由政府对经济进行干预。凯恩斯理论为发达国家在 20 世纪三四十年代后的政府管制制度的发展和完善奠定了坚实的理论基础。

在政府干预经济的理论体系中，市场失灵理论是一个重要理论，它解释了政府干预可以弥补市场“失灵”，提出了政府干预经济的必要性。

4.1.2　外部性理论

外部性是指交易中未加考虑而由第三者承受的效果（Daniel,

1999）。外部性可以分为正外部性和负外部性。当市场失灵时，产生的就是负外部性，损害了与市场交易当事人无关的公众利益，降低了社会的资源配置效率。

丹尼尔（Daniel，1999）认为，市场的负外部性主要表现为三点：一是局外性，即企业等市场主体的经济活动不仅直接影响参与经济活动的当事人的利益，还会影响与经济活动并无直接关系的公众等外部群体的利益；二是非价格性，即企业或个人等经济活动中的当事人只会考虑自身的收益或损失，并以价格的形式对这些潜在的得失在契约中予以反映，而约定的价格不会考虑和反映其他外部人的利益，当外部利益相关者的利益受到损害时，市场也不会要求经济活动当事人为其付出相应的成本或代价；三是危害性，即随着当今市场经济的迅猛发展，外部性的影响范围不断扩大，不仅影响公众，还会在未来影响全体人类的后代，如果任凭负外部性产生并不断膨胀，那么由此引发的资源枯竭、环境恶化、生存成本的提高等问题将成为国家和全人类都面临的发展威胁。正是由于市场会产生负外部性，导致经济主体行为所产生的成本和收益不对称，妨碍市场有效率地配置资源，因此，需要政府采用各种干预和管制手段，增加负外部性行为付出的成本，减少负外部性带来的不利影响，增加正外部性产生的收益。

外部性理论能够较好地诠释政府对市场进行干预和管制的必要性。一方面，市场经济活动的负外部性是政府管制和干预的主要原因。当纯粹意义上的完全市场化不存在时，市场对资源的配置是无效率或低效率的，此时减少其他“旁观者”的福利是不需要作出必要补偿的，市场主体为追求自身福利的最大化而侵害其他“旁观者”福利的动机将会得到强化。鉴于此，政府应充分发挥其在资源配置方面的作用，依靠行政干预的力量，对市场中的负外部性问题加以抑制，从而改善各方福利，维护全社会的公共利益。另一方面，在市场上，一些具有正外部性的经济活动虽然使部分个体获益，却无法得到来自这些获益方的补偿，因而也需要政府通过实施激励性或强制性措施，以促进公共福利的增加。

4.1.3 政府“扶持之手”与“掠夺之手”理论

政府“扶持之手”与“掠夺之手”理论是研究政府对企业可能扮演的两种角色的理论。政府“扶持之手”是指政府对企业予以支持，包括提供上市资源、银行贷款、税收优惠等资源；政府“掠夺之手”是指政府从企业掠夺资源和财富。

施莱弗和维什尼（Shleifer and Vishny，1994，1998）提出了政府“掠夺之手”与“扶持之手”的经典理论。他们认为，政府在宏观经济运行和微观企业的经济活动中可能扮演两种角色。第一种角色称为“扶持之手”。假设政府的目标为社会福利最大化，此时政府可以在市场这只“看不见的手”无法发挥作用导致市场失灵的领域对宏观经济和微观经济主体（企业）进行适当的管制和调整，以限制垄断、矫正负外部效应等。但是政府“扶持之手”的理论却无法解释政府的全部干预行为，实际上经济管制的存在可以产生寻租的空间，使得政府会积极对经济和企业施加干预，通过攫取企业价值来为自身谋求利益。此时，政府扮演了第二种角色，即“掠夺之手”。与社会福利最大化不同，“掠夺之手”假设政府以自身私利最大化为目标，认为政府对经济和企业活动的干预很可能会凌驾于法律和制度之上，将政府和官员个人的意志和目标等强加于企业，甚至发生违背市场正常运行规律、破坏市场经济秩序的干预行为。“掠夺之手”理论可能更加符合经济学中的“理性经济人”假设，可以解释官员利益集团的寻租行为、政府的创租行为和腐败等现象。

4.1.4 公共利益理论

该理论的立论基础是“市场失灵”和“福利经济学”，将政府干预视为针对私人行为的公共行政政策，或从公共利益出发而制定的规则，认为政府干预的目的是为了克服市场失灵，提高资源配置效率，实现社会公平正义和福利最大化。莫勒（Maurer，1988）认为，政府干预是创造性地实现对公共利益整合、维护和分配的行为，无论是政府反垄断管制、经济性管制或是社会性管制，公共利益都是最好的理由；垄断者利用其垄断地位操纵价格，限制产品，损害社会公众的利益，并不利于社会整体经济效率，从而损害了公共利益，因而反垄断管制是为了公共利益；公用事业领域的价格、质量以及破坏性竞争涉及公共利益，因而需要建立政府经济性管制；为了消除经济活动的"负外部性"对自然环境、人身健康、公共安全的影响，有必要加强政府的社会性管制。伯吉斯（Burgess，1995）认为，在管制方面发生的大部分变化都可以归因于公共利益的变化。

本书研究的地方政府纾解民营企业股权质押风险问题，涉及对上述政府干预理论的运用。在前几年我国民营企业对股权质押融资的过度使用的情况下，由于证券市场连续低迷，叠加国家推行金融降杠杆、严监管政策，民营企业的股权质押风险陆续暴露，一时形成了大量民营企业股权质押平仓风险，一批民营企业陷入困境，甚至可能出现系统性金融风险。在此背景下，地方政府对出现股权质押风险的民营企业进行纾困，就是政府干预理论的体现和运用。具体而言，这是政府"扶持之手"的体现。据此，政府干预理论特别是其中的政府"扶持之手"理论构成了本书的理论基础。

4.2 政治关联理论

4.2.1 政治关联的概念和效应理论

政治关联理论是20世纪末和本世纪初在国内外兴起的一种关于

企业与政府之间政治联系的理论。关于政治关联的含义，罗伯茨（Roberts，1990）认为，政治关联是指与参议员有利益关系。法乔等（Faccio et al.，2006）认为，公司的大股东或者高管是议员、大臣、政府首脑或者与政府高官关系密切，那么该公司就是具有政治关联的公司。范等（Fan et al.，2007）以中国的公司作为研究对象，认为如果公司的首席执行官（CEO）曾经或者现在任职于中央政府、地方政府或者军队，那么这家公司就是具有政治关联的公司。伯特兰等（Bertrand et al.，2007）认为，只要公司的 CEO 毕业于精英学校，同时也曾是公务员或者在政府任过职，那么这家公司就是具有政治关联的公司。弗格森和沃思（Ferguson and Voth，2008）认为，那些经理和董事会成员与执政党关系密切的公司属于政治关联公司。王（Wong，2010）认为，如果某公司的股东或董事是选举委员会成员，那么这家公司就是具有政治关联的公司。

在中国学者中，张建君和张志学（2005）发现中国公司是通过雇用现任或者前任政府官员而与政府建立政治关联关系的。潘红波等（2008）认为，具有政治关联的公司是指该公司总经理或董事长是以前或者现任的政府官员。吴文锋等（2008）、王利平等（2010）认为，政治关联是指公司与拥有政治权利的个人之间形成的一种隐性政治关系，包括公司高管或大股东曾经或者现在在政府部门（或国会）任职、通过公益事业获得的关系等，但不包含因政府持股而形成的关系。赵峰和马光明（2011）认为，政治关联是指企业与拥有政治影响力的个人之间形成的隐性政治关系，即如果一家公司的总经理、董事长、董事、高管曾经或者现在就职于中央政府、地方政府或军队，或者曾经或者现在担任人大代表或政协委员，那么这家公司就属于政治关联公司。

需要说明的是，政治关联既不同于腐败和贿赂，也不是政府干预。政治关联在法律层面上是合法的（Faccio et al.，2006），企业通过具有政治关联的高管影响政府部门，这是该企业的一种优势。政治干预的发起主体是政府，而政治关联的发起方是企业。

根据多数学者对政治关联的理解，政治关联的类型一般包括三种：第一种是企业高管以往的官方背景；第二种企业高管目前的参政议政；第三种是产权上有国有性质。无论哪种类型，只要企业的高级管理人员在曾经政府担任过职位，或者现在担任了某种有官方背景的职务（人民代表大会代表、政协委员等），具有官方背景和资源，能够为企业与政府官员进行有效沟通，就具有政治关联。

关于政治关联的效应，理论上将政治关联对企业的效应划分为正面价值和负面价值两种。但是大多数学者肯定了政治关联具有正面效应，认为政治关联可以帮助企业获得融资便利、税收优惠、政府补贴、行业准入等资源，给企业带来经济利益，提升企业价值。无论是发展中国家还是发达国家，政治关联的作用都具有普遍性。

4.2.2 寻租理论

企业寻求政治关联的一个重要的动机是为企业获得竞争的优势和额外的好处。企业的这一行为可以理解为寻租。

在1967年，塔洛克（Tullock）发表的《关于税、垄断和偷窃的福利成本》从理论上探讨了寻租活动产生的根源，并认为完全竞争假设严重低估了偏离竞争所导致的社会福利损失，即垄断、税收等政府干预行为所造成的实际社会福利损失远远大于基于完全竞争理论框架下的估算结果。这其中的原因在于，在不完全竞争的市场环境下，人们会通过贿赂、拉关系等非公平竞争手段来获取利益。塔洛克（Tullock）在1967年发表的这篇论文被认为是寻租理论的萌芽。

克鲁格（Kreuger）在1974年正式提出了寻租理论，认为在市场为导向的经济中，政府管制经济活动的现象非常普遍，而这些管制行为所导致的租金则成为人们竞争的对象，竞争手段也逐渐演变成诸如黑市交易、腐败、贿赂等寻租行为。

美国经济学家布坎南对寻租理论进行了系统地分析和深化。他认为寻租行为是指在特定的制度背景下，如存在限制市场准入等，人们可以通过竞争来实现寻租，且这种寻租活动对他人并没有好处，会严重扰乱市场竞争秩序。布坎南还认为企业通过寻租行为获得的“租金”，并不会随市场竞争程度的变化而变化，即只要制度环境不变，“租金”就存在。这一概念的界定明确了寻租活动产生的制度条件，即政府干预市场经济时，形成了某地区或某行业市场准入限制以及对市场竞争的限制。布坎南还阐述了寻租的三个层次：一是对政府活动所产生的额外收益的寻租；二是对政府肥缺的寻租；三是对政府活动所获得的公共收入的寻租。

李增福等（2016）认为，政治关联的建立有助于企业完成寻租，获取稀缺资源等，此时政治关联成为企业向政府寻租的工具。可见，寻租理论从企业角度解释了企业与政府建立政治关联的动因。由于政府在干预经济和垄断资源处置方面拥有特殊的权力，所以在世界范围内，企业的寻租行为具有普遍性。

4.2.3　资源基础理论

企业与政府建立政治关系可以帮助企业获取资源（孙立平，2002；李健等，2012），如垄断行业的准入权、稀缺资源的开采权、税收优惠等，此时政治关联俨然成为企业拥有的特殊关系资源。可见，资源基础理论可以从企业角度解释企业与政府建立政治关联的动因。

1959 年彭罗斯提出的企业资源的思想，形成了资源基础理论的思想雏形。1984 年，沃纳菲尔特（Wernerfelt）明确提出了资源基础理论的概念，并表示企业是有形资源和无形资源的集合体。此后，学者们将资源基础理论引入企业战略研究中，并被人们所熟知。

资源基础理论认为企业可以看成是各种资源的组合，企业掌握的资源直接决定其市场竞争力，并表示企业的竞争优势主要来源于特殊的异质资源以及难以模仿和获取的稀缺资源。这些稀缺资源价值越高、越稀缺、越难以模仿，转化成的能力就越强，使得企业能够在市场中长期生存（Barney，1991；Peteraf，1993）。资源基础理论可以分为三类：企业资源基础理论、能力基础理论、知识基础理论。企业资源基础理论认为企业是“资源的独特集合体”（Wernerfelt，1984），这里的资源是指财务资源、品牌资源、技术资源等。能力基础理论则强调企业是“能力的独特集合体”（Prahalad and Hamel，1990；Foss，1993、1996；Teece，2007），这里的能力是指技术能力、创新能力、销售能力、管理能力等。知识基础理论则将企业视为“知识的独特集合体”（Kogut and Zander，1992；Spender，1996），这里的知识是指企业长期积累的经验等。无论是企业资源基础理论还是能力基础理论，抑或是知识基础理论，它们均认为企业要想长期发展下去，主要竞争力不是企业的具体某个产品或服务，而是企业产品和服务背后反映出的资源、能力或知识。

本书的研究与上述政治关联理论密切相关。本书从经济关联的视角研究国有资本参股、信贷关系、股权质押关系三个因素对地方政府纾困民营企业的影响。已有的研究成果表明，民营企业的政治关联与获取政府资源之间具有正相关关系，政治关联有利于民营企业获取更多的银行贷款、财政补贴、税收优惠等政府资源（余明桂和潘红波，2008；张敏等，2010；潘越等，2009；余明桂等，2010；吴文锋等，2009；胡旭阳和史晋川，2008；宋增基等，2014；姚梅洁等，2019）。笔者受上述已有研究成果的启发，在本书中研究经济关联因素对民营企业获取地方政府纾困的影响。本书认为，经济关联是与政治关联在含义上有区别、种类上相并列、作用上相类似的另一种关联因素，政府的相关行为不仅会受政治关联的影响，也会受经济关联的影响；国有资本参股，不仅是一种政治关联，同时也是一种经济关联。在地方政府纾困民营企业的过程中，国有资本参股、信贷关系、股权质押关系这三种经济关联可能会对地方政府纾困民营企业的决策产生影响，本书第 5、第 6、第 7 章将对此进行理论分析和实证检验。因此，政治关联理论对本书具有重要的借鉴意义。

4.3　利益相关者理论

利益相关者一词由斯坦福研究院在 1963 年首次提出，是指与企业有密切关系的所有人。1965 年，美国学者安索夫将该词引入管理学和经济学界，提出“要制定出一个理想的企业目标，必须综合平衡考虑企业的诸多利益相关者之间相互冲突的索取权，他们可能包括管理层、股东、供应商、分销商、工人”。后来，企业的利益相关者的范围被一再扩大，利益相关者被认为包括企业的股东、债权人、雇员、消费者、供应商等交易伙伴，也包括政府部门、环保主义、媒体、本地居民、本地社区等的压力集团，甚至包括自然环境、人类后代等受到企业经营活动直接或间接影响的客体。

利益相关者理论是 20 世纪 60 年代在西方伴随着人们对传统的“股东至上主义”企业理论的反思而提出的一种新的企业理论。传统的“股东至上主义”认为，企业的资本来自股东，企业的一切利益也都归于股东，企业的目的是为资本服务，实现经济利润最大化和股东利益最大化。20 世纪 70 年代后，随着时代的进步，传统的企业理论因为片面追求股东利益最大化，显然不合时宜，人们开始对传统的“股东至上主义”理论进行反思，“公司是由持有该公司普通股的个人和机构所有”的传统核心观念遭受质疑，被认为它已经无法解决企业的诸多问题（Donaldson and Dunfee，1995；陈宏辉和贾生华，2003）。在进入 20 世纪 80 年代以后，利益相关者理论影响迅速扩大，并影响了西方国家企业管理实践，促进了企业管理方式的转变。与传统的股东至上主义相比较，利益相关者理论认为，任何一个公司的发展都离不开各利益相关者的投入或参与，企业追求的是利益相关者的整体利益，而不仅仅是某些主体的利益。

利益相关者理论认为，企业在本质上是由企业的各利益相关者共同组成的（Jensen and Mecking，1976），企业的目标是为所有的利益相关者创造财富和价值，而不是单纯地追求股东利益最大化；企业生存和发展所不可或缺的资源都是各利益相关者投入的，而不仅仅包括股东所投入的股权资本；企业的剩余控制权和剩余索取权应以各利益相关者所提供资本为基础进行安排，而不是集中地分配给股东（Jawahar，2001）；企业的经营发展是需要利益相关者共同参与和支持的，而不单纯地依赖于股东（尹开国等，2011）。也就是说，利益相关者会向企业投入其生存和发展所必需的资本，并相应地承担一定的企业经营风险。为此，企业在经营决策过程中必须要考虑和关注利益相关者的利益，并且尽量地满足（Blair，1995），否则，他们就会撤出其资本，从而影响到企业的生存与发展（Freeman，1984）。因而，利益相关者利益要求的研究就成为利益相关者理论研究的重要内容（陈宏辉和贾生华，2005）。不同的利益相关者具有不同的利益要求（陈宏辉和贾生华，2003），并且其对利益要求的重视程度存在着显著差异（Mitchell and Wood，1997；Wheeler and Maria，1998），同时，各利益相关者利益要求的实现程度也具有差异性，这都会对企业价值和经营发展产生重要的影响（Rowley，1997）。可见，企业如何满足与协调各利益相关者的利益要求是一项重要的工作。

罗利（Rowley，1997）认为，利益相关者理论首先要对利益相关者进行科学合理的界定和分类（杨瑞龙和周业安，1998），这是一个关键和基础的问题（Stiglitz，1985）。首先，如果学者们没有明确具体概念，那么利益相关者理论根本就无法产生和发展。因而，众多国内外学者基于不同角度对利益相关者进行界定，然而并没有形成一个公认的标准。但是，通过梳理和剖析各种利益相关者的概念以及利益相关者理论发展历程，我们能够看出，学者们基本上认为利益相关者和企业具有一定的互动关系，并且会向企业投入一定的专用性投资

（Stiglitz，1985）。唐纳森和邓菲（Donaldson and Dunfee，1995）认为，仅仅界定出利益相关者的概念，这还不能全面认识利益相关者的特性。由此，利益相关者分类问题受到学者们高度关注。有的学者分别运用多维细分法和米切尔评分法对利益相关者进行较为科学合理的分类（Mitchell and Wood，1997；Charkham，1992）。国内外许多学者研究发现众多利益相关者存在着多维度的显著差异（Clarkson，1995；邓汉慧和赵曼，2007；陈宏辉和贾生华，2004），正是由于这些差异，学者们以多个角度对利益相关者进行分类，并研究表明不同的利益相关者对企业的影响以及受到企业影响的程度是有差异的（Freeman，1984；Wheeler and Maria，1998），这大大深化了人们对利益相关者的认识。总之，学者们通过识别企业利益相关者来明确研究范围和对象，进而确定各利益相关者在企业中的地位和作用，并通过对企业利益相关者进行分类来探讨不同类型利益相关者与企业之间是如何相互影响的，这对发展利益相关者理论具有重要的意义，并为以后相关研究提供理论依据。

利益相关者理论在 20 世纪 90 年代被引入我国，并很快得到理论界的认可。目前在中国证监会发布的《上市公司治理准则》中也明确规定了利益相关者的条款。其中第八十三条和第八十四条规定："上市公司应当尊重银行及其他债权人、员工、客户、供应商、社区等利益相关者的合法权利，与利益相关者进行有效的交流与合作，共同推动公司持续健康发展。上市公司应当为维护利益相关者的权益提供必要的条件，当其合法权益受到侵害时，利益相关者应当有机会和途径依法获得救济。"

本书的研究受到了上述利益相关者理论的启发。地方政府、国有资本参股人、贷款银行、国有质权人都属于民营企业的利益相关者。地方政府与民营企业之间是利益相关者关系表现在，一方面地方政府是民营企业经营和发展必不可少的保障力量；另一方面民营企业也是地方政府发展经济的重要依靠力量，双方之间是一种双向互动的利益相关者关系。同时，地方政府与国有资本参股人、贷款银行、国有质权人之间也是利益相关者关系，它们都是国资背景，彼此之间存在经济关联。以上这些利益相关者关系，会对地方政府纾困民营企业的相关决策产生影响。据此，利益相关者理论是本书的理论基础。

4.4 股权质押的相关理论

4.4.1 委托代理理论

委托代理理论是一种研究企业所有权与经营权分离情形下企业内部信息不对称和激励约束问题而发展起来的一种理论，是现代企业理论的重要组成部分。

委托代理关系是随着生产力大发展和规模化大生产的出现而产生的企业管理方式。早期的企业是控制在业主自己手里，企业所有人同时担任企业的经营人，所以不存在委托代理问题。随着生产力的发展，社会分工趋于细化和专业化，企业所有者由于知识、能力和精力的局限而需要委托一批具有专业知识和精力的代理人来管理企业。但是在委托代理的关系当中，委托人与代理人的效用函数并不一致，委托人追求的是自身财富最大化，而代理人追求自己的工资津贴收入、在职消费和闲暇时间最大化，这必然导致两者的利益产生冲突。在不存在有效的约束机制的情况下，代理人的行为很可能损害委托人的利益。这就是由于所有权与经营权相分离而产生的委托代理问题。

伯利和米恩斯（Berle and Means，1932）最早提出了所有权和经营权相分离的委托代理理论。他们认为，在上市公司股权结构高度分散的情况下，中小股东存在“搭便车”的现象，他们没有动力和能力监督和制约公司管理层，使得单个股东难以行使其公司决策权和监督权，而未拥有任何股权的公司管理层却实际掌握了公司控制权，成为公司的实际控制者。公司管理层出于成本效益考虑，其可能会利用实际控制权侵害广大股东的利益，损害了公司价值。因此，在上市公司股权分散的情况下，公司股东与管理层之间的利益冲突成为上市公司主要的委托代理问题。

之后，詹森和麦克林（Jensen and Meckling，1976）在伯利和米恩斯（Berle and Means）的研究基础上，系统地研究了管理层和股东之间的委托代理问题。他们认为代理人和委托人有着截然不同的目标函数，作为代理人的管理层追求自身价值最大化，作为委托人的股东希望达到公司利益最大化，两者利益需求存在差异，这将导致管理层（代理人）有可能损害或侵占股东（委托人）的利益，产生代理成本①问题，这就是第一类委托代理问题。

早期的委托代理问题的研究焦点主要在于公司管理层与股东之间的利益冲突。但是，东南亚经济危机之后，很多学者关注到，除英、美等国上市公司的股权结构是分散的以外，大多数国家的上市公司都存在一个或几个可以对公司经营活动起到控制或者发挥重要影响的大股东（La Porta et al.，1999，2002；Claessens et al.，2000，2002）。大股东为了自身利益的最大化，凭借其对公司的控制权可以有效实施对公司经理人的监督，减少公司经理人在职消费等损害股东利益的现象，从而降低了经理人的代理成本。大股东的存在作为缓解第一类委托代理问题（管理层与股东之间的委托代理问题）的一种机制，在对公司治理发挥积极作用的同时，又衍生出第二类委托代理问题（即大股东与中小股东之间的委托代理问题）。

由于股东所拥有的股权比例的大小对股东在公司经营管理决策上投票权大小起着决定性的作用，在股权较为集中时，大股东会运用其

① 此处的代理成本包括委托人的监督支出（给代理人的激励费用、约束代理人机会主义行为的监督费用）、代理人的保证支出（保证金）、剩余损失（代理人的决策与委托人福利最大化的决策之间存在某些偏差，使委托人的福利遭受到一定的货币损失，这就是剩余损失）等。

手中的投票权优势来掌控董事会，进而通过董事会来聘任经理层，由此对公司进行实质性控制，从而获得控制权收益。而中小股东的股权比例较小，因此，他们很难实际参与到公司的重大经营决策事务中去，也没有能力和动机去监控公司经营活动。因为中小股东不具备相应的资本、管理水平和技术等，难以有效监督公司经营活动，并且他们也常常习惯于“搭便车”来分享大股东治理下所带来的收益。大股东为获得控制权收益，有动机和能力采取各种手段来实现自身利益最大化，如通过关联交易转移公司资源、稀释性股票发行、挤出小股东、内幕交易、暗中收购或者其他金融交易等手段来侵占中小股东的利益（Johnson et al.，2000）。

因此大股东会利用其对公司的控制权，制造控制权私有收益，从而使中小股东利益受损，这就形成了大股东与中小股东之间的利益冲突。

4.4.2 信息不对称理论

信息不对称理论产生于 20 世纪 70 年代，是阿克洛夫（Akerlof）在 1970 年论述次品市场（即柠檬市场）时提出的。该理论指在市场经济活动中，相互对应的个体之间呈现的是一种不均匀、不对称的状态分布，有些人比其他人掌握的信息更多，这些掌握更多信息的人通常能取得优势地位。信息不对称现象的产生，既有主观方面的原因也有客观方面的原因。主观方面的原因是，各个市场经济主体获取信息的能力有大有小，具有差异性；客观方面的原因是，各个市场经济主体获取信息的多少与社会劳动分工和专业化等多种社会客观因素有关。信息不对称的表现和形式较丰富，其中最为常见的是卖方和买方的信息差别。具体来说，卖方比买方对有关商品掌握的信息更多，因此卖方可以凭借其信息优势在买卖中获益。

在委托代理关系中，代理成本产生的根源在于委托人与代理人之间的信息不对称。由于两者之间存在信息不对称，可能会产生损害委托人利益的道德风险和逆向选择问题，并由此产生代理成本的问题。

4.4.3 控制权收益理论

格罗斯曼和哈特（Grossman and Hart，1988）在研究公司投票权和现金流权的最优分配时，将公司控制权收益分为控制权的公共收益和控制权的私有收益。控制权的公共收益主要是指控股股东通过积极参与公司治理，提高公司业绩，所有股东均可按照自身的持股比例获取该收益，这部分收益是控股股东与中小股东共同分享的收益。控制权的私有收益主要是指控股股东利用其对公司的控制权侵蚀中小股东利益而获取的私人收益，这部分收益是控股股东独自享有的收益。

控股股东往往将公司所有权和控制权相分离，用较小的所有权达到对上市公司绝对（或相对）的控制，行使公司实际决策权来最大化自身利益。但控股股东并非无限制地获取控制权私有收益。一般而言，控股股东会权衡控制权公共收益和控制权私有收益来决定其行为。如果控股股东获得的控制权私有收益较多，降低了上市公司的价值，使控股股东获得的控制权公共收益较少，此时控制权私有收益与控制权公共收益之和未必是最大的。因此，控股股东的收益是控制权私有收益和公共收益之和最大化的均衡结果（Cronqvist and Nilsson，2003）。利益协同效应和壕沟防御效应较好地解释了控股股东公共收益与私有收益的来源。

利益协同效应。当控股股东持股比例达到较高的水平时，其控制权与现金流权分离程度较低，控股股东的利益与公司中小股东的利益将趋于一致。此时，控股股东的公共收益要大于其获得的私有收益，这会促使控股股东有动机去追求公司价值最大化。为了实现公司价值最大化，控股股东会减少侵占中小股东利益的行为，强化对公司经理人的监督，降低经理人的代理成本。

壕沟防御效应。利益协同效应只能解释控股股东与中小股东利益一致，事实上大多数情况是控股股东与中小股东利益并不一致。由于控股股东与中小股东在公司权力不平等，控股股东可以通过各种方式来侵占中小股东的利益从而实现控股股东自身利益最大化，这部分收益是控股股东独自享有的控制权收益。当控股股东持股水平较低同时又能控制上市公司时，这时控制权与现金流权的分离程度较高，控股股东更倾向于侵占中小股东的利益，从而产生壕沟防御效应（Morck et al.，1988）。壕沟防御效应将降低公司绩效，进而降低控股股东的公共收益，因此只有控股股东通过壕沟防御效应获得的控制权收益大于公共收益的损失时，控股股东才会侵占中小股东的利益，以实现公共收益与控制权收益之和最大化。

本书的研究运用了上述股权质押的相关理论。本书的主题是地方政府纾解民营企业股权质押风险问题，研究的具体内容涉及民营企业股权质押融资、控股股东的控制权及其转移、股权质押的各种动机、股权质押的风险、股权质押风险的规避和缓解等多个方面，本书的内容与股权质押的委托代理理论、信息不对称理论、控制权收益理论密切相关，本书的相关论述较多运用了股权质押的相关理论，因此，股权质押的相关理论是本书的理论基础。

第5章　国有资本参股对地方政府纾解民企股权质押风险影响的实证研究

本书的第二章对股权质押、政府扶持及政治关联的相关文献进行了回顾，大量学者研究表明，民营企业高管参政等隐性的政治关联有助于民营企业获取经济资源等政府扶持，验证了政治关联与政府扶持之间的关系。但是，现有文献关于民营企业与政府存在直接经济关系是否有助于民营企业获得政府扶持的研究则相对匮乏。为此，本书基于民营企业与政府存在直接经济关联的视角分析和检验地方政府纾解民营企业股权质押风险及其效果。本书主要从国有资本参股、信贷关系及股权质押关系三个维度，对经济关联如何影响地方政府纾解民营企业股权质押风险进行理论分析和实证检验。本章主要基于国有资本参股民营企业的视角，分析和检验当民营企业出现股权质押风险后，国有资本参股是否有助于民营企业获取地方政府纾困。

5.1　问题的提出

民营经济对我们国家的经济社会发展作出了突出贡献。正如习近平总书记《在民营企业座谈会上的讲话》所总结，民营经济成为创业就业的主要领域、技术创新的重要主体、国家税收的重要来源，为我国社会主义市场经济发展、政府职能转变、农村富余劳动力转移、国际市场开拓等发挥了重要作用。民营经济贡献了50%以上的税收，60%以上的国内生产总值，70%以上的技术创新成果，80%以上的城镇劳动就业，90%以上的企业数量。对稳定增长、促进创新、增加就业、改善民生等方面非公有制经济都作出了突出贡献。民营经济对地方政府的财政收入、GDP增长、就业等经济目标和社会目标的实现具有举足轻重的地位，但民营经济的发展受到融资约束的抑制。相对国有企业，民营企业不仅存在融资约束方面的所有权歧视（Allen et al.，2005），还在股权融资方面存在较大弱势（杨星等，2016），并且政府对民营企业的扶持也不如国有企业（Qian，1994）。

股权质押融资具有融资成本低、速度快、灵活性强，且不影响控股股东控制权等优点，因此股权质押融资备受上市公司青睐。有研究表明，民营企业大股东股权质押融资比国有企业更为普遍（王斌等，2013；谢德仁和廖珂，2018）。据wind资讯统计，在2018年一年内进行了股权质押融资的民营企业占到了整个A股企业数的一半多，质押市值规模超过了4.5万亿元。

然而，高比例股权质押融资也会带来大股东平仓风险等负面效应，并影响到企业的信用融资（唐玮等，2019）、经营活动（欧阳才越等，2018）、创新效率（姜军等，2020）和企业价值（郝项超和梁琪，2009），还会促使企业进行更多的盈余管理（谢德仁和廖珂，2018），提高信息操纵概率（曹丰和李珂，2019），提高股价同步性（冯晓晴等，2020），从而引发投资者猜测和恐慌（沈冰和陈锡娟，2019），导致股价暴跌（谢德仁等，2016），给金融市场的稳定带来不利的影响（夏常源和贾凡胜，2019）。

已有的研究表明，为缓解股权质押的风险、维护自身控制权及降低股权质押负面效应给上市公司经营活动和利益相关者带来的不利影响，控股股东会通过公司盈余管理、信息披露、税收规避、股利政策等行为以规避股权质押带来的控制权转移风险（谢德仁和廖珂，2018；王雄元等，2018；李常青和幸伟，2017；廖珂等，2018）。但是，关于从地方政府扶持视角探讨缓解股权质押风险的研究相当匮乏。

民营企业是地方税收、财政收入、GDP、就业等的重要来源，民营上市公司对地方经济的发展起着重要作用。已有研究表明，政府出于实现地区经济发展、维护社会稳定以及政治晋升目的的考量，政府会在银行贷款、税收优惠、财政补贴等方面给予积极的扶持，当民营企业在遇到困难时政府也会伸出援助之手（孔东民等，2013；王红建等，2015）。在民营企业出现股权质押风险后，将会加剧民营企业的融资约束（唐玮等，2019），增加企业的权益资本成本（王化成等，2019），提高企业的信息披露违规的概率（张晨宇和武剑锋，2019），增加企业的股价崩盘风险（夏常源和贾凡胜，2019），损害资本市场信息效率（冯晓晴等，2020），甚至引发系统性金融风险（Li et al.，2019）等问题，股权质押风险带来的这些后果直接影响当地经济的发展、税收、就业等经济社会目标，进而影响地方政府的政治晋升目标。因此，民营企业股权质押风险不仅给民营企业带来较大的不利影响，而且会影响到当地经济的发展、就业等方面，还给地方政府官员的政治升迁目标带来负面的效应。出于上述原因，地方政府可能会救助出现股权质押风险的民营企业。但是，作为政府尤其是地方政府的财力是有限的，地方政府不可能对所有出现股权质押风险的民营企业进行纾困。那么，地方政府会更倾向于纾困哪些民营企业呢？

现有研究已经对政府扶持民营企业的影响因素做了大量研究，研究发现，政府更倾向于扶持具有社会责任、符合产业政策、处于亏损状态、争取上市资格或配股增发的民营企业（郭剑花和杜兴强，2011；郭杰等，2019；朱松和陈运森，2009；陈晓和李静，2001）。潘越等（2009）、余明桂等（2010）、于蔚等（2012）的研究还发现，具有政治关联的民营企业更能够获得政府的支持。但这些研究都是基于民营企业高管参政等隐性的政治关联得出的结论（邵云飞等，

2019）。民营企业除了企业股东、高管参政等政治关联外，民营企业与国有企业存在相互参股也会构成直接的政治关联，并且这种直接的政治关联将民营企业的经济利益与国有企业的经济利益联系在一起，从而使得民营企业与政府之间也具有了经济关联。因此，当有国有资本参股的民营企业出现股权质押风险后，给国有企业带来的负面效应将直接影响当地政府的经济利益和社会的和谐与发展，那么，当民营企业出现股权质押风险后，地方政府是否会更倾向于纾困那些具有国有资本参股的民营企业呢？

基于理论和实践的需要，本书以2017年至2019年间出现股权质押风险的民营上市公司为研究样本，基于政府干预理论、政治关联理论、利益相关者理论以及股权质押的相关理论，从理论上分析了当民营企业出现股权质押风险后，地方政府会不会更倾向于纾困国有资本参股的民营企业的问题，并以民营上市公司股权质押的数据对此进行了实证检验，力图提供地方政府纾解民营企业股权质押风险的理论架构和经验证据，为民营企业经济关联、政府“扶持之手”理论和股权质押风险的缓解提供增量的文献贡献。

5.2 理论分析与假设提出

如前文所述，民营经济在国民经济中存在重要的“56789”，即民营经济贡献了50%以上的税收，60%以上的国内生产总值，70%以上的技术创新成果，80%以上的城镇劳动就业，90%以上的企业数量。因此，民营经济不仅关系到国民经济发展的速度，还关系到国家技术创新和社会就业。维持民营经济的健康、快速发展，不仅是地方政府发展经济的重要职责，还是地方政府促进社会稳定、维持社会和谐的重要举措。而地区的经济增长、社会稳定、税收等经济指标构成了地方政府政治晋升的考核指标和主要依据（周黎安，2007；赵璨等，2015）。所以，地方政府为了地区的财政收入、GDP、技术创新、就业等经济社会的良性发展需求以及政治升迁目标，有动机发展民营经济。

控制权的保留以及审批程序的便捷促使民营控股股东对股权质押融资青睐有加（谢德仁等，2016）。然而，高比例的股权质押也会产生一系列的危害。股权质押会加剧控股股东对上市公司资金的占用程度，强化控股股东对上市公司的侵占效应，进而降低公司投资效率（柯艳蓉和李玉敏，2019），损害公司业绩和价值（郝项超和梁琪，2009；郑国坚等，2014）。股权质押还可能促使控股股东隐藏“坏消息”以掩盖其侵占中小股东利益和损害公司价值的行为，进而增加了公司信息披露违规的概率（张晨宇和武剑锋，2019），降低了公司风险承担水平（何威风等，2018；Dou et al.，2019），增加了公司的股价崩盘风险（夏常源和贾凡胜，2019），损害资本市场信息效率（冯晓晴等，2020），甚至引发系统性金融风险（Li et al.，2019）。此外，股权质押不仅还会增加上市公司与外部资金提供者之间的信息不对称，加剧上市公司的融资约束（唐玮等，2019），增加上市公司权益资本成本（王化成等，2019），而且使上市公司更可能选择低质量的审计师，损害审计市场秩序（徐会超等，2019）。此外，通过股权质押融资的大股东利用其控股地位对上市公司中小股东进行“利益剥夺”，强化控股股东对上市公司的侵占效应（郝项超和梁琪，2009），或通过股权质押变相套现（黎来芳，2006），或加大控股股东对上市公司资金的占用程度（郑国坚等，2014）。另外，对其他利益相关者影响方面，股权质押会降低分析师的独立性（谢德仁等，2019；郑涵歆和潘煜双，2019），导致分析师的盈余预测偏差更大、精确度更低（Zhang et al.，2020），还会影响新发行公司债券市场定价效率（欧阳才越等，2018）。因此，民营企业股权质押带来的一系列风险和不良后果作为危害民营经济发展的重要因素，不仅给民营经济自身的发展造成不利的影响，而且还可能会导致整个国民经济出现系统性金融风险（Li et al.，2019），从而危害地区经济发展大局，影响地方政府的政治晋升目标。因此，地方政府有责任和动机纾解民营企业股权质押风险。但是，作为政府尤其是地方政府的财力是有限的，地方政府不可能对所有出现股权质押风险的民营企业进行纾困。

中国的分权化改革使得地方政府有较强的经济自主权和财政支出配置权（赵璨等，2015）。在地方政府扶持民营企业的过程中，由于缺乏相应的法律和制度对扶持标准及对象进行约束，因此地方政府具有较强的自由裁量权（余明桂等，2010）。有学者研究了政府扶持民营企业的影响因素。他们的研究发现，承担社会责任、符合产业政策、处于亏损状态、争取上市资格或配股增发的民营企业更能获取政府的扶持（郭剑花和杜兴强，2011；郭杰等，2019；朱松和陈运森，2009；陈晓和李静，2001）。

此外，政治关联也是影响政府扶持民营企业的重要因素。由于掌管着资本、土地、信息、技术和管理人才等重要资源，政府对经济与金融资源的配置仍然起着主导作用，因此，与政府建立密切的联系并据此获得所需要的资源就成为众多民营企业的选择（罗党论和唐清泉，2009；张敏等，2010），也成为与政府建立密切联系的有效方式。民营企业的企业家或高管通过拥有政府工作背景、曾经或现在担任人民代表大会代表、政协委员等“参政”方式建立政治关联，以达到与政府建立密切联系的目的。许多研究表明，政治关联有助于民营企业获取政府经济资源，主要表现在政治关联能够有效影响政府对企业的政府补助（潘越等，2009）、财政补贴（余明桂等，2010）、企业并购审查决策（潘红波等，2008）、行业准入决策（罗党论和刘晓龙，2009）、银行贷款（余明桂和潘红波，2008）、税收优惠（吴文锋等，2009）等政府资源获取，以降低民营企业的融资约束（于蔚等，2012），帮助民营企业获取额外的发展机会（胡旭阳，2006），使民营企业的社会合法性得到改善和加强，形成良好的社会声誉（孙铮等，2005）。

上述这些研究都是基于民营企业高管参政等隐性的政治关联得出的结论，而民营企业与政府的关联除了上述隐性的政治关联外，国有资本参股民营企业构成直接的政治关联，是一种显性的政治关联形式，方便量化和认定（邵云飞等，2019）。本书认为，这种显性的政治关联，同时也构成了民营企业与政府之间的经济关联。民营企业的经济关联是与民营企业的政治关联在含义上有区别、种类上相并列、作用上相类似的一种关联关系。政治关联属于政治领域的关联关系，连接因素是政府职员的权力，即民营企业由于与政府职员的权力有关联而能够获得政府资源；而经济关联属于经济利益方面的关联关系，连接因素是共同的经济利益，即民营企业由于与政府具有经济利益上的共同利害关系而能够获取政府资源。可见，经济关联就是民营企业在经济上与政府具有的共同利害关系，体现了民营企业与政府之间“一荣俱荣、一损俱损”的利益一致性。

从国有资本参股民营企业影响地方政府的意愿和动机来看，地方政府出于维护自身经济利益，会对与政府有经济关联的民营企业在资源分配上予以倾斜，更倾向于纾困国有资本参股的民营企业。国有股权与政府有着天然的内在联系（宋增基等，2014），民营企业通过在所有权安排时有意引入或保留国有股权便与政府建立了一种“共生关系”，国有股权的引入成为民营企业与政府之间的“关系”纽带，将政府的利益与民营企业的利益捆绑在一起，有助于民营企业获取信贷融资、高壁垒行业准入、税收优惠等政府资源（宋增基等，2014；郝阳和龚六堂，2017；姚梅洁等，2019）。因此，国有资本参股不仅构成直接、易量化和认定的政治关联，还将民营企业与政府的经济利益捆绑在一起。当民营企业出现股权质押风险后，质权人会要求质押人追加保证金或者补充质押，而现实中民营企业大股东可能处于现金流困境而无法追加保证金，民营企业大股东股权质押比例往往较高也无法补充质押物。若股价下跌至质押合同约定的平仓线时，质权人可以对出质股权平仓抛售，不仅会威胁民营控股股东的控制权，质押股票被强制平仓使股价持续下跌还会导致国有资本的市值大幅缩水，影响国有资本的保值、增值。因此，股权质押风险带来的股价下跌将给国有企业带来直接的经济损失，造成国有资本的流失，进而给作为国有企业实际控制人的地方政府带来直接的经济利益损失。由于含有国有资本参股的民营企业与政府存在经济利益关联，当含有国有资本的民营企业出现股权质押风险后，会给作为重要股东的国有资本带来投资收益受损等负面效应。地方政府为了防止自身的经济利益受损，达到国有资本的保值、增值目的，有动机和意愿更倾向于纾困国有资本参股的民营企业。因此，国有资本参股民营企业有意愿和动机去影响地方政府纾困决策，使地方政府更倾向于纾困国有资本参股的民营企业。

另外，从国有资本参股民营企业影响地方政府的行为来看，国有资本参股民营企业的方式有着重要的政策文件作保证，进而影响地方政府的纾困选择。2015 年 8 月 24 日颁布的《中共中央、国务院关于深化国有企业改革的指导意见》明确提出，“鼓励非国有资本投资主体通过出资入股、收购股权等多种方式，参与国有企业改制重组或国有控股上市公司增资扩股及企业经营管理，也鼓励国有资本以多种方式入股非国有企业”，也就是鼓励双向的混合所有制改革。党的十九大报告也提出要大力发展混合所有制经济。因此，国家关于鼓励混合所有制改革的政策文件能够影响地方政府纾困的相关决策。当民营企业出现股权质押风险后，政策文件的指引和保证能够促使地方政府更倾向于纾困国有资本参股的民营企业。

从地方政府的能力来看，地方政府也有能力纾困出现股权质押风险的民营企业。一方面，我国各级政府在传统上都是强势政府，虽然中央政府一直致力于构建一个真正的法治社会，但从现实来看，行政权在很多情况下还是会凌驾于法律之上；另一方面，地方政府掌握着许多重要资源（比如审批、土地、信贷、税收等）的分配权，无论是国有企业还是民营企业，都要从地方政府手中争取这些资源，特别是对于融资难、融资贵的民营企业而言，如果民营企业抵制政府的干预，必然会影响它们的资源获取能力（张敏等，2013）。

通过上述分析可以发现，民营经济在国民经济中的地位非常重要，民营企业股权质押会产生较大的负面影响，这种负面效应不仅会对民营企业自身造成不利的影响，还会对当地的经济社会发展造成负面影响。国有资本参股民营企业有意愿和动机影响地方政府纾困出现股权质押风险的民营企业的决策，并且中央政策文件的指引和保证也会影响地方政府的纾困决策。与此同时，地方政府也有纾困的能力。因此，本书认为，相对于不含有国有资本参股的民营企业，含有国有资本参股的民营企业，更可能获得地方政府纾困以及能获得更大金额的纾困力度，并且当民营企业国有资本参股的比例越大时，国有股权影响地方政府行为的意愿和能力就越强，从而使得出现股权质押风险的民营企业获得地方政府纾困的概率和力度会越大。根据上述分析，本书提出如下假设：

假设 5 - 1：在出现股权质押风险的民营企业中，国有资本参股的民营企业获取地方政府纾困的概率和力度更大，并且国有资本参股的比例越大，获取地方政府纾困的概率和力度越大。

延续前文的分析，可以发现，民营经济的重要性使得政府会有纾困的动机，有国有资本参股的民营企业由于与政府存在经济关联关系，因而更能获取地方政府的纾困，民营企业中的国有资本能够影响地方政府的意愿，从而影响地方政府的纾困决策。但上述关系会受到市场化程度的影响，具体体现在以下几个方面：

第一，市场化程度影响着民营经济的重要性，从而影响民营企业中的国有资本与地方政府对出现股权质押风险的民企纾困的关系强度。在新制度经济学的理论框架下，市场化改革的实质就是制度变革，市场化程度即为制度变迁的过程，影响着经济发展水平（樊纲等，2003）。市场化程度通过影响民营企业的全要素生产率（Chow and Lin，2002）、地理空间上的溢出效应（康继军等，2009）、产业集聚的创新绩效（刘鳃和孟勇，2020）和提高市场发展潜力（吕朝凤和朱丹丹，2016），从而提高资源配置效率（周方伟和杨继东，2020），进而提高民营经济的发展水平。民营经济在国民经济中的比例越大，民营经济的地位和重要性越高，就会促使地方政府更加关注和重视民营经济的作用，从而弱化国有资本在国民经济中的比例和地位，进而促使地方政府更加公平地对待民营经济和国有经济，从而降低因为民营经济重要性问题所导致的国有资本在地方政府纾困出现股权质押风险的民营企业中的作用。因此，市场化程度越高，越能发挥民营经济在国民经济中的重要性，增加民营经济在地方政府决策中的地位，促使地方政府更加重视民营经济，从而弱化国有资本在地方政府纾困出现股权质押风险的民营企业的概率和力度。

第二，市场化程度影响政府对市场的干预力度，降低政府对陷入股权质押风险的民营企业的救助力度，从而弱化国有资本与地方政府对出现股权质押风险的民营企业的救助强度。市场化程度越高，政府尊重市场规律的意愿越强，越能减少政府在市场经济中的干预作用（张耀伟，2006），减少由于政府干预所导致的诸如政府补助（许罡等，2012）、债务融资（金宇超等，2018）、企业并购（方军雄，2008）等地方政府与企业之间的双向寻租活动（赵璨等，2015），从而使得政府在市场经济运行中的干预力度降低，更多地发挥市场在资源配置中的决定作用。对陷入股权质押风险的民营企业进行纾困，这本身就是一种政府干预市场的行为，是通过政府纾困基金，发挥政府干预权力，通过资金支持等手段扶持民营企业度过股权质押风险困境。通过上述分析可以发现，市场化程度越高，政府对市场的干预力度就越小，越能发挥市场在资源配置中的决定作用，因此，就会促使政府降低干预股权质押风险本应由市场决定的事项的意愿和力度。结合前文国有资本与政府行为的分析可以发现，市场化程度越高，政府干预的意愿和力度在降低，从而促使国有资本影响地方政府干预出现股权质押风险的民企的可能性在降低，进而弱化陷入股权质押风险的民营企业中含有的国有资本与地方政府救助之间的关系强度。

第三，市场化程度影响地方政府对国有资本的偏袒程度，从而弱化陷入股权质押风险的民企中的国有资本影响地方政府行为的能力，从而弱化国有资本与地方政府对出现股权质押风险的民营企业的救助强度。由于国有经济的控制力和影响力（夏立军和陈信元，2007）以及国有资本承担的政策性负担在维持地方税收、就业和社会稳定中扮演重要角色（林毅夫和李周，1998；林毅夫和李志赟，2004），政府对国有资本存在事实上的偏袒（侯青川等，2015），主要体现在对国有资本的垄断地位提供保护（刘瑞明，2011）、基础设施建设（李广杰等，2009）、信贷资源配置（王珏等，2015）和IPO募集资金投向变更（马连福和曹春方，2011）等。市场化程度的提高降低了政府干预经济发展的动机（罗党论和唐清泉，2007）和政府对不同所有权性质资本的偏好程度（侯青川等，2015），从而降低国有资本在政府决策中的地位和偏好，而决策地位和决策偏好的降低，使得国有资本对政府发挥作用在降低，弱化国有资本对地方政府纾困行为的影响。另一方面，市场化程度的提高，使得政府偏好国有资本在降低，也使得国有资本影响政府行为的能力和意愿在降低，从而降低国有资本在政府纾困决策的作用能力和作用意愿，进而弱化国有资本与陷入股权质押风险的民营企业被地方政府纾困的关系强度。

第四，市场化程度的提高，促进政府职能由"发展型政府"向"服务型政府"转变，强化政府的服务意识，从而弱化国有资本与地方政府纾困出现股权质押风险的民营企业的概率和力度之间的关系。市场化程度较高，意味着地区的经济自由度较高，使得政府在经济发展过程中更多发挥"服务型政府"职能，而非"发展型政府职能"（侯青川等，2015）。政府职能的转变，使得政府及其工作人员的服务意识和服务水平会更高，能够更加公平地为民营资本与国有资本做好服务，消除所有权性质方面的差别待遇，所以，在应对股权质押风险方面，能够发挥地方政府在纾解股权质押风险方面的所有权性质的差异，从而弱化国有资本在地方政府纾困中的作用。所以，市场化程度越高，越能发挥政府的“服务型政府”职能，促进政府更加公平地、无差别地对待国有企业和民营企业，从而弱化国有资本在地方政府纾困决策的偏袒程度和干预力度，进而弱化国有资本与地方政府纾困出现股权质押风险的民营企业的概率和力度。

通过上述分析可以发现，市场化程度越高，民营经济在国民经济中的重要性越高，越能降低地方政府在纾困决策中对国有资本的偏袒程度和干预力度，促进地方政府职能由“发展型政府”向“服务型政府”转变，强化地方政府的服务意识，从而弱化国有资本参股对地方政府纾困出现股权质押风险的民营企业的促进作用。因此，基于上述分析，本书提出如下假设：

假设 5 - 2：在市场化程度较高的地区，国有资本参股对民营企业获取地方政府纾困的促进作用更不明显。

前文分析认为，国有资本参股有助于民营企业获取地方政府纾困。但上述关系还受到参股国有资本来源地的影响。具体体现在以下方面：

第一，出于保护本地国有资本利益的目的，地方政府更有动机和意愿纾困含有本地国有资本参股的民营企业。前文的理论分析认为，由于含有国有资本参股的民营企业与政府存在经济利益关联，当含有国有资本的民营企业出现股权质押风险后，会给作为重要股东的国有资本带来投资收益受损等负面效应，因此地方政府有动机和意愿纾困含有国有资本参股的民营企业。而相对于异地的国有企业，作为本地国有企业实际控制人的地方政府为了防止自身的经济利益受损，达到本地国有资本的保值、增值目的，有更强的动机和意愿纾困本地国有资本参股的民营企业。因此，相比于异地国有资本参股，本地国有资本参股更有意愿和动机去影响地方政府纾困决策，使地方政府更倾向于纾困本地国有资本参股的民营企业。

第二，本地国有资本参股能为民营企业带来更多的政府资源支持，进而使地方政府更倾向于纾困含有本地国有资本参股的民营企业。为了追求当地经济的增长、社会稳定和自身政治升迁目标，各地政府均表现出对本地企业的地区偏爱，更多地将资源倾斜给能为当地带来 GDP、就业、税收、财政收入的本地企业（李元旭和宋渊洋，2011）。罗宏和秦际栋（2019）认为，国有股权为家族企业带来的资源支持，主要来自地方政府的政策倾斜，相比异地国有股权，本地国有股权参股能为家族企业提供更多的资源支持，进而能更大限度促进家族企业创新投入。因此，地方政府为了达到当地经济快速发展、社会稳定以及政治上的晋升目的，有更强的动机和意愿纾困含有本地国有资本参股的民营企业。

综上所述，地方政府为了防止本地国有资本利益受损，地方政府更有动机和意愿纾困含有本地国有资本参股的民营企业，并且由于本地国有资本参股能为民营企业带来更多的政府资源支持，促使地方政府对含有本地国有资本参股的民营企业的纾困意愿和强度更大。基于上述分析，本书提出如下假设：

假设 5－3：相比于异地国有资本参股，本地国有资本参股的民营企业获取地方政府纾困的概率和力度更大。

5.3　研究设计

5.3.1　样本选取和数据来源

本书以 2017—2019 年出现股权质押风险的民营上市公司为研究对象①。股权质押风险数据来自同花顺数据库（Ifind）中的“股权

① 本书之所以选择 2017 年至 2019 年出现股权质押风险的民营上市公司作为研究样本，理由主要是：首先，地方政府纾解民营企业股权质押风险主要是 2017 年之后新出现的举措，大部分发生在 2018 年和 2019 年；其次，2015 年至 2016 年股灾期间的大规模救市主要是中央政府和“国家队”的行为，与本书研究的地方政府对民营企业的纾困有明显区别，不属于本书的研究主题，不宜纳入本书的考察范围。

质押风险模型”数据库。若民营上市公司股票收盘价在研究样本期间内曾经低于预警线，则视为股权质押出现了风险[①]。若股票收盘价多次低于预警线，仅保留时间最早的一次。被纾困的民营上市公司名单主要来自东方财富网 Choice 数据库，本书还通过手动搜集巨潮资讯网、百度、新浪财经等网站信息对纾困样本进行了补充和完善。民营上市公司中国有资本参股的数据通过手工搜集公司年报、半年报或季报中的前十大股东信息，并经过手工整理而成。民营上市公司政治关联数据来自于国泰安（CSMAR）数据库中的“董监高个人特征数据”，并通过手工整理个人简历而成。本书其他财务数据和公司治理数据均来自于国泰安（CSMAR）数据库。本书按以下标准筛选研究样本：①剔除金融类上市公司；②剔除数据缺失、数据异常的样本。最终得到 1429 个观测值。本书还对模型中所有连续变量进行了上下 1% 的 winsorize（缩尾）处理。数据处理和分析采用的是 Stata15.0。

5.3.2 模型构建和变量定义

（1）模型构建

为检验假设 5－1，本书构建了模型（5－1）—模型（5－8）：

① 在我国资本市场中，股权质押合同一般包含以下 5 个重要的指标：（1）参考市值，股票被质押前，在二级市场的交易价格（质押前 7 日或前 20 日的收盘价均值）；（2）质押率，融资金额/被质押股票参考市值；（3）预警线，质押股票的实际市值/融资金额，一般最低为 135%（比如融资 100 万元，用于质押的股票市值跌到 135 万元，则触及警戒线）；降至警戒线时，贷款人会要求借款人补足股票价格下跌造成的质押价值缺口；（4）平仓线，质押股票的实际市值/融资金额，一般最低 120%；（5）利息率。质押股票的平均利息率通常为 7%—8%。根据李常青等（2018）的研究以及股权质押的实际情况，本书设置预警线为 150%，平仓线为 130%，质押率为 40%，利息率为 8%，参考市值基于质押前 20 日的收盘价均值。廖珂等（2018）的研究把质押股票的实际市值/融资金额曾低于 200% 视为股权质押出现了风险，本书认为质押股票的实际市值/融资金额曾低于 150%（即预警线）更能准确捕捉实际产生的质押风险，因为当股票收盘价低于预警线时，贷款人会要求借款人追加质押物，这就对借款人的股票产生了质押风险。

$$logit(govsupdum) = \beta_0 + \beta_1 statedum + \sum controls + \sum industry + \sum province + \sum year + \varepsilon \tag{5-1}$$

$$tobit(govsup) = \beta_0 + \beta_1 statedum + \sum controls + \sum industry + \sum province + \sum year + \varepsilon \tag{5-2}$$

$$logit(govsupdum) = \beta_0 + \beta_1 staterate + \sum controls + \sum industry + \sum province + \sum year + \varepsilon \tag{5-3}$$

$$tobit(govsup) = \beta_0 + \beta_1 staterate + \sum controls + \sum industry + \sum province + \sum year + \varepsilon \tag{5-4}$$

为检验假设 5－2，本书构建了如下模型：

$$logit(govsupum) = \beta_0 + \beta_1 staterate + \beta_2 indexdum + \beta_3 staterate \times indexdum + \sum controls + \sum industry + \sum province + \sum year + \varepsilon \tag{5-5}$$

$$tobit(govsup) = \beta_0 + \beta_1 staterate + \beta_2 indexdum + \beta_3 staterate \times indexdum + \sum controls + \sum industry + \sum province + \sum year + \varepsilon \tag{5-6}$$

为检验假设 5－3，本书构建了如下模型：

$$logit(govsupdum) = \beta_0 + \beta_1 local + \sum controls + \sum industry + \sum province + \sum year + \varepsilon \tag{5-7}$$

$$tobit(govsup) = \beta_0 + \beta_1 local + \sum controls + \sum industry + \sum province + \sum year + \varepsilon \tag{5-8}$$

由于被解释变量 *govsupdum* 为虚拟变量（0 或 1），因此本书用 logit 模型对模型中的系数进行估计。另外，考虑到被解释变量 *govsup* 是以 0 为下限，0.268 为上限的截尾变量，为获得稳健且一致估计量，本书用 tobit 模型展开系数估计。

（2）变量定义

①被解释变量（*govsupdum*，*govsup*）。地方政府纾困为本书模型的被解释变量。本书所称的地方政府纾困，是指由地方政府通过其牵头成立的国资背景的纾困基金对出现股权质押风险的民营企业采取的资金扶持措施，目的是纾解民营企业的股权质押风险和流动性压力，纾困方式包括债权型纾困和股权型纾困两大类型，其中债权型纾困包括质押融资、转质押和借款等三种具体类型，股权型纾困包括协议转让股份、大宗交易转让股份、参与上市公司定向增发和对上市公司的子公司、孙公司增资扩股等几种具体类型。相关详情可参见本书第三章第三节。若民营企业被地方政府纾困，则地方政府纾困虚拟变量 *govsupdum* 取 1，否则取 0。*govsup* 表示民营企业被地方政府纾困的力度，等于交易金额/公司总市值。

②解释变量。

第一，国有资本参股（*statedum*，*staterate*）。*statedum* 为民营企业前十大股东中是否有国有股东参股，若有则 *statedum* 取 1，否则取 0；*staterate* 为国有资本参股的程度，等于国有股东持股量占公司总股本的比例。

第二，市场化程度（*indexdum*）。本书采用王小鲁等（2017）发布的《中国分省份市场化指数报告（2016）》中的市场化指数来度量各地区的市场化程度。由于该数据只更新到 2016 年，2017—2019 年数据根据以前年度该指数的增长趋势推算得到。本书将市场化程度按中位数分为市场化程度较高组和市场化程度较低组。当市场化程度较高时 $indexdum=1$，市场化程度较低时 $indexdum=0$。

第三，参股国有资本是否来源于本地（*local*）。当参股国有资本中含有本地国有资本时，则 *local* 取 1，否则取 0。

③控制变量（*controls*）。根据以往的研究（潘越等，2009；郭剑花和杜兴强，2011；王红建等，2015），本书控制了以下变量：政治

关联（*pc*）、公司雇员规模（*employsale*）、经营活动现金净流量（*cfo*）、第一大股东持股比例（*top*1）、资产负债率（*lev*）、公司规模（*size*）、公司成长性（*growth*）、盈利能力（*roa*）。此外，本书还控制了行业虚拟变量（*industry*）、地区虚拟变量（*province*）和年度虚拟变量（*year*）（见表 5－1）。

表 5－1　　变量定义表

变量类型	变量含义	变量符号	变量定义
被解释变量	地方政府纾困	*govsupdum*	*govsupdum* 表示民营企业是否被地方政府纾困的虚拟变量，若民营企业被地方政府纾困，则 *govsupdum* 取 1，否则取 0
		govsup	*govsup* 表示民营企业被地方政府纾困的力度，等于交易金额除以公司总市值
解释变量	国有资本参股	*statedum*	*statedum* 为民营企业前十大股东中是否有国有股东参股，若有则 *statedum* 取 1，否则取 0
		staterate	*staterate* 为国有资本参股的程度，等于国有股东持股量占公司总股本的比例
	市场化程度	*indexdum*	根据王小鲁等（2017）发布的《中国分省份市场化指数报告（2016）》中的市场化指数，本书将市场化程度按中位数分为市场化程度较高组和市场化程度较低组。当市场化程度较高时 *indexdum* = 1，市场化程度较低时 *indexdum* = 0
	参股国有资本是否来源于本地	*local*	当参股国有资本中含有本地国有资本时，则 *local* 取 1，否则取 0
控制变量	政治关联	*pc*	若民营企业的董事长或总经理曾经或者现在担任政府官员、人大代表或政协委员，则 *pc* 为 1，否则为 0
	公司雇员规模	*employsale*	公司每万元营业收入的雇员人数，即员工人数除以营业收入（万元）
	经营活动现金净流量	*cfo*	公司经营活动现金净流量除以公司总资产
	第一大股东持股比例	*top*1	公司第一大股东持股比例
	资产负债率	*lev*	公司总负债除以总资产
	公司规模	*size*	公司总资产的自然对数

续表

变量类型	变量含义	变量符号	变量定义
控制变量	公司成长性	*growth*	公司营业收入增长率
	盈利能力	*roa*	公司总资产收益率
	行业虚拟变量	*industry*	控制行业差异的影响
	地区虚拟变量	*province*	控制地区差异的影响
	年度虚拟变量	*year*	控制年度差异的影响

5.4 实证结果分析

5.4.1 描述性统计

表5-2报告了主要变量的描述性统计结果。如表5-2所示，地方政府纾困虚拟变量（*govsupdum*）的均值为0.178，表明在出现股权质押风险的民营企业中，获取地方政府纾困的民营企业占比约为17.8%。地方政府纾困的力度（*govsup*）的均值为0.011，中位数为0.000，最小值为0.000，最大值为0.268，标准差为0.038。国有资本参股虚拟变量（*statedum*）的均值为0.348，表明有34.8%的民营企业的股权结构中含有国有资本，民营企业存在国有资本参股的现象较为普遍。国有资本参股的比例（*staterate*）的均值为1.345%，表明国有资本参股的比例总体不高。参股国有资本是否来源于本地（*local*）的均值为0.343，表明本地国有资本参股占比约为34.3%。政治关联（*pc*）的均值为0.206，表明大约有20.6%的民营企业有政治关联。民营企业第一大股东持股比例（*top1*）的均值为29.647%，中位数为28%，表明民营企业股权结构较为集中。民营企业资产负债率（*lev*）的均值为0.407，中位数为0.401。经营活动现金净流量（*cfo*）的均值为0.018，中位数为0.024，最小值为-0.245，最大值为0.212。总资产收益率（*roa*）的均值为0.021，中位数为0.019。

表 5 - 2　描述性统计

variable	N	mean	sd	min	p50	max
govsupdum	1429	0. 178	0. 382	0. 000	0. 000	1. 000
govsup	1429	0. 011	0. 038	0. 000	0. 000	0. 268
statedum	1429	0. 348	0. 477	0. 000	0. 000	1. 000
staterate	1429	1. 345	3. 207	0. 000	0. 000	19. 480
indexdum	1429	0. 554	0. 497	0. 000	1. 000	1. 000
local	498	0. 343	0. 475	0. 000	0. 000	1. 000
pc	1429	0. 206	0. 405	0. 000	0. 000	1. 000
employsale	1429	0. 014	0. 010	0. 001	0. 012	0. 049
cfo	1429	0. 018	0. 074	-0. 245	0. 024	0. 212
*top*1	1429	29. 647	12. 304	8. 120	28. 000	65. 520
lev	1429	0. 407	0. 196	0. 054	0. 401	0. 905
size	1429	21. 980	1. 041	19. 813	21. 935	24. 602
growth	1429	0. 254	0. 527	-0. 721	0. 141	2. 556
roa	1429	0. 021	0. 031	-0. 096	0. 019	0. 117

表 5 - 3 报告了按民营企业是否有国有资本参股（*statedum*）分组后，地方政府纾困的概率（*govsupdum*）和力度（*govsup*）的差异情况。如表 5 - 3 所示，有国有资本参股的民营企业获取地方政府纾困的概率（*govsupdum*）和力度（*govsup*）的均值和中位数均显著大于没有国有资本参股的民营企业，表明在出现股权质押风险的民营企业中，相对于没有国有资本参股的民营企业，有国有资本参股的民营企业获取地方政府纾困的概率和力度更大，支持了本书的假设 5 - 1。

表 5 - 3　差异检验

variables	statedum = 0			statedum = 1			(statedum = 1) - (statedum = 0)	
	N	Mean	Median	N	Mean	Median	均值差异	中位数差异
govsupdum	931	0. 156	0. 000	498	0. 219	0. 000	0. 063***	0. 000***
govsup	931	0. 009	0. 000	498	0. 015	0. 000	0. 006***	0. 000***

注：均值差异为 t 检验，中位数差异为 Wilcoxon 秩和检验。***、**、* 分别表示在 1%、5%、10% 统计水平上显著。

5.4.2 相关性分析

表 5－4 列示了模型中主要变量之间的相关系数。如表 5－4 所示，国有资本参股虚拟变量（*statedum*）与地方政府纾困的概率（*govsupdum*）和力度（*govsup*）之间的相关系数分别为 0.079 和 0.072，均在 1% 统计水平上显著为正；国有资本参股的比例（*staterate*）与地方政府纾困的概率（*govsupdum*）和力度（*govsup*）之间的相关系数分别为 0.072 和 0.087，也均在 1% 统计水平上显著为正。上述结果初步支持了本书的假设 5－1。本书将通过下文中的回归分析对本书假设作进一步的检验。

5.4.3 多元回归分析

（1）民营企业国有资本参股与地方政府纾困

表 5－5 列示了在出现股权质押风险的民营企业中，民营企业国有资本参股与地方政府纾困关系的多元回归分析结果。表 5－5 的第（1）、第（2）列报告了民营企业是否有国有资本参股（*statedum*）对民营企业获取地方政府纾困的概率（*govsupdum*）和力度（*govsup*）的影响。第（1）列的结果显示，民营企业是否有国有资本参股（*statedum*）的回归系数在 5% 统计水平上显著为正（系数 =0.411，z 值 =2.34），表明在出现股权质押风险的民营企业中，相比于没有国有资本参股的民营企业，有国有资本参股的民营企业获取地方政府纾困的概率更大。第（2）列的结果显示，民营企业是否有国有资本参股（*statedum*）的回归系数在 5% 统计水平上显著为正（系数 = 0.027，t 值 =2.55），表明在出现股权质押风险的民营企业中，相比于没有国有资本参股的民营企业，有国有资本参股的民营企业获取地方政府纾困的力度更大。第（1）、第（2）列的结果表明，在出现股

表 5-4　　pearson 相关系数

	govsupdum	govsup	statedum	staterate	pc	employsale	cfo	top1	lev	size	growth	roa
govsupdum	1											
govsup	0. 638 ***	1										
statedum	0. 079 ***	0. 072 ***	1									
staterate	0. 072 ***	0. 087 ***	0. 574 ***	1								
pc	-0. 002	0. 039	-0. 017	0. 011	1							
employsale	-0. 003	-0. 017	-0. 026	0. 015	-0. 004	1						
cfo	-0. 088 ***	-0. 041	-0. 043	-0. 029	0. 010	0. 107 ***	1					
top1	-0. 083 ***	-0. 036	-0. 005	-0. 041	0. 010	0. 008	0. 078 ***	1				
lev	0. 037	0. 002	0. 088 ***	0. 074 ***	0. 053 **	-0. 199 ***	-0. 306 ***	0. 020	1			
size	0. 089 ***	0. 071 ***	0. 169 ***	0. 126 ***	0. 018	-0. 347 ***	-0. 080 ***	0. 009	0. 474 ***	1		
growth	0. 039	0. 041	-0. 052 **	-0. 017	0. 050 *	-0. 056 **	-0. 066 **	-0. 004	0. 022	-0. 052 **	1	
roa	-0. 007	-0. 007	-0. 062 **	-0. 025	-0. 080 ***	-0. 125 ***	0. 341 ***	0. 139 ***	-0. 294 ***	0. 003	-0. 031	1

注：***、**、* 分别表示在1%、5%、10%统计水平上显著。

权质押风险的民营企业中，相比于没有国有资本参股的民营企业，有国有资本参股的民营企业获取地方政府纾困的概率和力度更大。表5－5的第（3）、第（4）列报告了民营企业国有资本参股比例（*staterate*）对民营企业获取地方政府纾困的概率（*govsupdum*）和力度（*govsup*）的影响。第（3）列的结果显示，国有资本参股的比例（*staterate*）的回归系数在1%统计水平上显著为正（系数＝0.072，z值＝2.68），表明在出现股权质押风险的民营企业中，民营企业国有资本参股比例（*staterate*）越大，其获取地方政府纾困的概率越大。第（4）列的结果显示，国有资本参股的比例（*staterate*）的回归系数在1%统计水平上显著为正（系数＝0.005，t值＝3.22），表明在出现股权质押风险的民营企业中，民营企业国有资本参股比例（*staterate*）越大，其获取地方政府纾困的力度越大。第（3）、第（4）列的结果表明，在出现股权质押风险的民营企业中，民营企业国有资本参股比例（*staterate*）越大，其获取地方政府纾困的概率和力度越大。表5－5的第（1）—第（4）列的联合结果表明，在出现股权质押风险的民营企业中，国有资本参股的民营企业获取地方政府纾困的概率和力度更大；并且，国有资本参股的比例越大，民营企业获取地方政府纾困的概率和力度越大，本书的假设5－1得到了经验证据的支持。

在控制变量方面，表5－5的第（1）—第（4）列的结果显示，公司规模（*size*）的回归系数均在1%统计水平上显著为正，表明在出现股权质押风险的民营企业中，公司规模（*size*）越大，民营企业获取地方政府纾困的概率和力度越大。表5－5的第（2）、第（4）列的结果显示，公司成长性（*growth*）的回归系数分别在5%、10%统计水平上显著为正，表明在出现股权质押风险的民营企业中，公司成长性（*growth*）越好，地方政府对其纾困的力度会越大。表5－5的第（1）—第（4）列的结果显示，公司的经营性现金净流量（*cfo*）的回归系数均在5%统计水平上显著为负，表明在出现股权质押风险的民营企业中，公司的经营性现金净流量（*cfo*）越少，民营企业获取地方政府纾困的概率和力度越大。表 5-5 的第（1）—第（4）列的结果显示，公司的第一大股东持股比例（*top*1）的回归系数至少在 5% 统计水平上显著为负，表明在出现股权质押风险的民营企业中，第一大股东持股比例（*top*1）越大，民营企业获取地方政府纾困的概率和力度越小。

表 5-5　　民营企业国有资本参股与地方政府纾困

	(1) (logit) govsupdum	(2) (tobit) govsup	(3) (logit) govsupdum	(4) (tobit) govsup
statedum	0.411 ** (2.34)	0.027 ** (2.55)		
staterate			0.072 *** (2.68)	0.005 *** (3.22)
pc	0.075 (0.37)	0.015 (1.29)	0.032 (0.16)	0.012 (1.07)
employsale	5.485 (0.59)	0.126 (0.21)	4.578 (0.49)	0.012 (0.02)
cfo	-2.764 ** (-2.34)	-0.144 ** (-2.03)	-2.829 ** (-2.39)	-0.151 ** (-2.12)
*top*1	-0.019 *** (-2.59)	-0.001 ** (-2.30)	-0.019 ** (-2.56)	-0.001 ** (-2.30)
lev	-0.279 (-0.55)	-0.039 (-1.30)	-0.261 (-0.51)	-0.039 (-1.31)
size	0.433 *** (4.54)	0.025 *** (4.67)	0.438 *** (4.58)	0.025 *** (4.68)
growth	0.236 (1.45)	0.017 ** (2.01)	0.208 (1.28)	0.015 * (1.80)
roa	3.262 (1.18)	0.147 (0.90)	2.890 (1.02)	0.110 (0.66)
constant	-12.265 *** (-4.77)	-1.245 *** (-21.64)	-12.731 *** (-4.80)	-1.257 *** (-5.91)
industry	控制	控制	控制	控制
province	控制	控制	控制	控制
year	控制	控制	控制	控制
N	1279	1429	1279	1429
Pseudo R^2	0.200	0.582	0.202	0.592

注：第（1）、第（3）列的括号内为经异方差调整后的 z 值，第（2）、第（4）列的括号内为经异方差调整后的 t 值；*、**、*** 分别表示在 10%、5% 和 1% 统计水平上显著。

（2）市场化程度、民营企业国有资本参股与地方政府纾困

表5-6列示了市场化程度对国有资本参股与民营企业获取地方政府纾困之间的关系的调节作用的回归结果。表5-6的第（1）列报告了市场化程度（*indexdum*）对国有资本参股（*staterate*）与民营企业获取地方政府纾困的概率（*govsupdum*）之间的关系的调节作用的回归结果。第（1）列的结果显示，国有资本参股比例与市场化程度的交乘项（*staterate* × *indexdum*）的回归系数在10%统计水平上显著为负（系数 = -0.091，z 值 = -1.78），表明在出现股权质押风险的民营企业中，相比于市场化程度较低的地区，在市场化程度较高的地区，国有资本参股对民营企业获取地方政府纾困的概率的促进作用更不明显。表5-6的第（2）列报告了市场化程度（*indexdum*）对国有资本参股（*staterate*）与民营企业获取地方政府纾困的力度（*govsup*）之间的关系的调节作用的回归结果。第（2）列的结果显示，国有资本参股比例与市场化程度的交乘项（*staterate* × *indexdum*）的回归系数在5%统计水平上显著为负（系数 = -0.006，t 值 = -2.44），表明在出现股权质押风险的民营企业中，相比于市场化程度较低的地区，在市场化程度较高的地区，国有资本参股对民营企业获取地方政府纾困的力度的促进效应更不明显。表5-6的第（1）、第（2）列的联合结果表明，在出现股权质押风险的民营企业中，相比于市场化程度较低的地区，在市场化程度较高的地区，国有资本参股对民营企业获取地方政府纾困的促进作用更不明显，本书的假设5-2得到了经验证据的支持。

表5-6　　市场化程度、民营企业国有资本参股与地方政府纾困

	(1) (logit) govsup_ dum	(2) (tobit) govsup
staterate	0.105 *** (3.29)	0.007 *** (3.87)
indexdum	1.125 ** (1.98)	0.062 * (1.70)

续表

	(1) (logit) govsup_ dum	(2) (tobit) govsup
staterate × *indexdum*	-0.091 * (-1.78)	-0.006 ** (-2.44)
pc	0.004 (0.02)	0.011 (0.93)
employsale	5.138 (0.55)	0.051 (0.09)
cfo	-2.938 ** (-2.44)	-0.158 ** (-2.22)
*top*1	-0.019 *** (-2.68)	-0.001 ** (-2.48)
lev	-0.231 (-0.45)	-0.035 (-1.17)
size	0.450 *** (4.67)	0.026 *** (4.79)
growth	0.236 (1.44)	0.017 ** (1.99)
roa	3.160 (1.09)	0.130 (0.77)
constant	-13.256 *** (-4.88)	-1.303 *** (-8.32)
industry	控制	控制
province	控制	控制
year	控制	控制
N	1279	1429
Pseudo R^2	0.206	0.605

注：第（1）列的括号内为经异方差调整后的 z 值，第（2）列的括号内为经异方差调整后的 t 值；*、**、*** 分别表示在 10%、5% 和 1% 统计水平上显著。

（3）民营企业国有资本参股来源地与地方政府纾困

表 5 -7 列示了民营企业国有资本参股来源地对民营企业获取地方政府纾困的影响的回归结果。表 5 -7 的第（1）列报告了参股国有资本是否来源于本地（*local*）对民营企业获取地方政府纾困的概率（*govsupdum*）的影响的回归结果。第（1）列的结果显示，参股国有资本是否来源于本地（*local*）的回归系数在 5% 统计水平上

显著为正（系数 =0.782，z 值 =2.44），表明在出现股权质押风险的民营企业中，相比于异地国有资本参股，本地国有资本参股的民营企业获取地方政府纾困的概率更大。表 5－7 的第（2）列报告了参股国有资本是否来源于本地（*local*）对民营企业获取地方政府纾困的力度（*govsup*）的影响的回归结果。第（2）列的结果显示，参股国有资本是否来源于本地（*local*）的回归系数在 10% 统计水平上显著为正（系数 =0.034，t 值 =1.81），表明在出现股权质押风险的民营企业中，相比于异地国有资本参股，本地国有资本参股的民营企业获取地方政府纾困的力度更大。表 5－7 的第（1）、第（2）列的联合结果表明，在出现股权质押风险的民营企业中，相比于异地国有资本参股，本地国有资本参股的民营企业获取地方政府纾困的概率和力度更大，本书的假设 5－3 得到了经验证据的支持。

表 5－7　民营企业国有资本参股来源地与地方政府纾困

	(1) (logit) govsup_ dum	(2) (tobit) govsup
local	0.782 ** (2.44)	0.034 * (1.81)
pc	0.400 (0.98)	0.050 ** (2.30)
employsale	−0.913 (−0.05)	−0.328 (−0.30)
cfo	−6.084 *** (−2.63)	−0.242 ** (−2.17)
*top*1	−0.009 (−0.61)	−0.000 (−0.47)
lev	−2.694 *** (−2.64)	−0.177 *** (−2.92)
size	0.442 ** (2.55)	0.027 *** (2.83)

续表

	(1) (logit) govsup_ dum	(2) (tobit) govsup
growth	-0.368 (-1.19)	0.005 (0.32)
roa	0.989 (0.21)	-0.033 (-0.14)
constant	-12.207 *** (-2.72)	-1.905 (-1.52)
industry	控制	控制
province	控制	控制
year	控制	控制
N	389	498
Pseudo R^2	0.272	1.008

注：第（1）列的括号内为经异方差调整后的 z 值，第（2）列的括号内为经异方差调整后的 t 值；*、**、*** 分别表示在 10%、5% 和 1% 统计水平上显著。

5.4.4　稳健性检验

（1）倾向得分匹配法（PSM）

虽然前文分析和检验了国有资本参股对民营企业获取地方政府纾困的影响，但可能存在由于遗漏变量导致的内生性问题。因此，本书采用倾向得分匹配法（PSM）对本书假设进行再检验。本书控制的特征变量包括：政治关联（*pc*）、公司雇员规模（*employsale*）、经营性现金净流量（*cfo*）、第一大股东持股比例（*top*1）、资产负债率（*lev*）、公司规模（*size*）、营业收入增长率（*growth*）、总资产收益率（*roa*）、公司上市年限（*age*）、独立董事比例（*indrate*）、董事会规模（*board*）、董事长和总经理是否两职合一（*presmn*）①。

① *age* 为公司上市年限，指公司上市年龄的自然对数；*indrate* 为独立董事比例，指独立董事数量除以董事总数；*board* 为董事会规模，指董事总数的自然对数；*presmn* 为董事长和总经理是否两职合一，当董事长和总经理由同一人担任时，则 *presmn* 取 1，否则取 0。

表 5-8 匹配效果检验（国有资本参股）

		均值		标准化偏差	t 检验	
		处理组	对照组		t 值	p 值
pc	匹配前	0.197	0.212	-3.7	-0.66	0.510
	匹配后	0.197	0.211	-3.7	-0.56	0.573
employsale	匹配前	0.013	0.014	-5.4	-0.97	0.333
	匹配后	0.013	0.013	0.1	0.01	0.988
cfo	匹配前	0.014	0.020	-9.0	-1.62	0.106
	匹配后	0.015	0.015	-0.6	-0.09	0.927
*top*1	匹配前	29.555	29.697	-1.2	-0.21	0.836
	匹配后	29.228	29.457	-1.9	-0.28	0.776
lev	匹配前	0.430	0.394	18.6	3.35	0.001***
	匹配后	0.425	0.422	1.1	0.17	0.863
size	匹配前	22.220	21.851	35.4	6.47	0.000***
	匹配后	22.148	22.107	4.0	0.63	0.531
growth	匹配前	0.217	0.274	-10.9	-1.96	0.050**
	匹配后	0.220	0.215	1.0	0.16	0.871
roa	匹配前	0.018	0.022	-12.8	-2.35	0.019**
	匹配后	0.018	0.019	-2.0	-0.31	0.758
age	匹配前	2.217	1.884	47.8	8.44	0.000***
	匹配后	2.175	2.193	-2.6	-0.43	0.664
indrate	匹配前	0.380	0.379	1.3	0.23	0.819
	匹配后	0.380	0.379	2.0	0.32	0.752
board	匹配前	2.081	2.059	11.4	2.04	0.041**
	匹配后	2.076	2.087	-5.8	-0.93	0.351
presmn	匹配前	0.382	0.467	-17.4	-3.12	0.002***
	匹配后	0.383	0.374	1.7	0.27	0.789

注：*、**、*** 分别表示在 10%、5% 和 1% 统计水平上显著。

本书采用最近邻匹配法（1∶1）为存在国有资本参股的样本寻找配对样本，并使用 PSM 对本书的基本假设进行再检验。表 5-8 列示了匹配后的处理组与对照组的各特征变量的差异结果，结果显示匹配后的处理组与对照组的各特征变量不存在显著差异。表 5 - 9 列示了匹配样本的回归结果。如表 5 - 9 的第（1）、第（2）列所示，民营企业是否有国有资本参股（*statedum*）的回归系数均在 1% 统计水平上显著为正（系数 = 1.210，z 值 = 5.09；系数 = 0.076，t 值 = 5.11），表明在出现股权质押风险的民营企业中，相比于没有国有资本参股的民营企业，有国有资本参股的民营企业获取地方政府纾困的概率和力度更大。表 5 - 9 的第（3）、第（4）列的结果显示，国有资本参股的比例（*staterate*）的回归系数均在 1% 统计水平上显著为正（系数 =0.106，z 值 =3.60；系数 =0.007，t 值 =3.89），表明在出现股权质押风险的民营企业中，民营企业国有资本参股比例（*staterate*）越大，其获取地方政府纾困的概率和力度越大。因此，本书在控制了主要特征变量的差异后，实证结果依然支持了本书的假设 5 - 1，表明本书的结论是稳健的。

表 5 - 9　匹配样本的回归结果（国有资本参股）

	(1) (logit) govsupdum	(2) (tobit) govsup	(3) (logit) govsupdum	(4) (tobit) govsup
statedum	1.210 *** (5.09)	0.076 *** (5.11)		
staterate			0.106 *** (3.60)	0.007 *** (3.89)
pc	0.149 (0.53)	0.025 (1.54)	-0.007 (-0.02)	0.016 (1.00)
employsale	17.615 (1.17)	0.771 (0.89)	13.525 (0.97)	0.465 (0.53)
cfo	-4.895 *** (-3.05)	-0.244 *** (-2.67)	-4.743 *** (-3.12)	-0.254 *** (-2.79)
top1	-0.006 (-0.56)	-0.000 (-0.56)	-0.006 (-0.57)	-0.000 (-0.56)
lev	-0.479 (-0.73)	-0.056 (-1.36)	-0.523 (-0.82)	-0.065 (-1.57)
size	0.392 *** (3.00)	0.023 *** (3.07)	0.411 *** (3.16)	0.024 *** (3.14)
growth	0.064 (0.30)	0.017 (1.38)	-0.000 (-0.00)	0.013 (0.99)

续表

	(1) (logit) govsupdum	(2) (tobit) govsup	(3) (logit) govsupdum	(4) (tobit) govsup
roa	1.922 (0.50)	-0.003 (-0.01)	2.185 (0.55)	-0.008 (-0.04)
constant	-13.348*** (-3.69)	-1.358*** (-5.77)	-13.801*** (-3.76)	-1.412*** (-7.58)
industry	控制	控制	控制	控制
province	控制	控制	控制	控制
year	控制	控制	控制	控制
N	816	946	816	946
Pseudo R^2	0.237	0.617	0.219	0.570

注：第（1）、第（3）列的括号内为经异方差调整后的 z 值，第（2）、第（4）列的括号内为经异方差调整后的 t 值；*、**、*** 分别表示在 10%、5% 和 1% 统计水平上显著。

（2）Heckman 两阶段回归法

考虑到样本中并非所有民营企业中都存在国有资本参股，对不存在国有资本参股的民营企业，无法观测到国有资本参股对民营企业获取地方政府纾困的影响，从而导致样本选择偏误。为解决这一潜在的样本选择偏误问题，本书使用 Heckman 两阶段回归法对假说进行再检验。在第一阶段选择模型中，本书除了考虑前文的控制变量外，还考虑了同地区的国有资本参股比例的均值对民营企业是否存在国有资本参股的影响，本书在第一阶段计算得到逆米尔斯比率（imr）的基础上，进行 Heckman 第二阶段回归。如表 5-10 所示，在第二阶段的回归结果中，是否有国有资本参股（*statedum*）的回归系数均在 1% 统计水平上显著为正，表明在出现股权质押风险的民营企业中，相比于没有国有资本参股的民营企业，有国有资本参股的民营企业获取地方政府纾困的概率和力度更大。因此，本书在进行了 Heckman 两阶段回归法控制样本自选择问题后，实证结果与上文检验结果保持一致，表明本书的结论是稳健的。

表 5 - 10　　Heckman 两阶段回归法（国有资本参股）

	(1) (第一阶段) statedum	(2) (第二阶段) govsupdum	(3) (第二阶段) govsup
iv (*staterate_ pro*)	1.018 *** (3.00)		
statedum		0.077 *** (2.84)	0.005 *** (3.50)
imr		-1.388 * (-1.68)	-0.141 *** (-2.65)
pc	0.037 (0.17)	0.025 (0.12)	0.011 (1.01)
employsale	22.787 ** (2.05)	-4.629 (-0.42)	-0.887 (-1.25)
cfo	-0.783 (-0.66)	-2.457 ** (-2.02)	-0.111 (-1.56)
*top*1	-0.013 * (-1.86)	-0.013 (-1.61)	-0.000 (-0.83)
lev	0.439 (0.83)	-0.478 (-0.91)	-0.062 ** (-1.98)
size	0.372 *** (3.67)	0.281 ** (2.10)	0.009 (1.25)
growth	0.039 (0.26)	0.191 (1.16)	0.013 (1.57)
roa	0.515 (0.14)	2.601 (0.91)	0.089 (0.53)
constant	-9.892 *** (-4.17)	-9.295 *** (-2.85)	-0.931 *** (-5.58)
industry	控制	控制	控制
province	控制	控制	控制
year	控制	控制	控制
N	1423	1279	1429
Pseudo R^2	0.077	0.204	0.606

注：第（1）、第（2）列的括号内为经异方差调整后的 z 值，第（3）列的括号内为经异方差调整后的 t 值；*、**、*** 分别表示在 10%、5% 和 1% 统计水平上显著。

（3）工具变量法

为了进一步缓解由于遗漏变量和反向因果关系带来的内生性问题对本书研究结论的影响，本书使用同地区的国有资本参股的均值作为工具变量，采用工具变量法对上文研究结论进行再检验。表 5 - 11 的第（1）列的结果显示，是否有国有资本参股（*statedum*）的回归系数在 5% 统计水平上显著为正（系数 = 0. 343，z 值 = 2. 22），表明在出现股权质押风险的民营企业中，相比于没有国有资本参股的民营企业，有国有资本参股的民营企业获取地方政府纾困的概率更大。表5 - 11 的第（2）列的结果显示，国有资本参股比例（*staterate*）的回归系数在 1% 统计水平上显著为正（系数 = 0. 095，z 值 = 3. 94），表明在出现股权质押风险的民营企业中，民营企业国有资本参股的比例（*staterate*）越大，其获取地方政府纾困的概率越大。因此，本书在利用了工具变量法处理模型中可能存在的内生性问题后，实证结果与上文的回归结果保持一致，表明本书的研究结论是稳健的。

表 5 - 11　　　　工具变量法（国有资本参股）

	(1) (iv probit) govsupdum	(2) (iv probit) govsupdum
statedum	0. 343 ** (2. 22)	
staterate		0. 095 *** (3. 94)
pc	0. 035 (0. 31)	-0. 002 (-0. 02)
employsale	3. 209 (0. 61)	1. 077 (0. 20)
cfo	-1. 619 ** (-2. 44)	-1. 598 ** (-2. 41)
*top*1	-0. 011 *** (-2. 75)	-0. 010 *** (-2. 64)
lev	-0. 132 (-0. 47)	-0. 126 (-0. 45)
size	0. 242 *** (4. 53)	0. 228 *** (4. 28)

续表

	(1) (iv probit) govsupdum	(2) (iv probit) govsupdum
growth	0.145 (1.59)	0.123 (1.37)
roa	1.854 (1.15)	1.362 (0.82)
constant	-6.930 *** (-4.99)	-7.127 *** (-4.76)
industry	控制	控制
province	控制	控制
year	控制	控制
N	1279	1279
Wald Chi2	225.473	238.016

注：括号内为经异方差调整后的 z 值；*、**、*** 分别表示在 10%、5% 和 1% 统计水平上显著。

（4）更换被解释变量的衡量方法

在前文的回归中，被解释变量地方政府纾困力度（*govsup*）用的是交易金额除以公司总市值来衡量。为了保持结果稳健，本书使用对交易金额取自然对数的方法来衡量地方政府纾困力度（*lngovsup*）。表 5-12 的第（1）列的结果显示，民营企业是否存在国有资本参股（*statedum*）的回归系数在 5% 统计水平上显著为正（系数 =5.162，t 值 =2.51），表明在出现股权质押风险的民营企业中，相比于没有国有资本参股的民营企业，有国有资本参股的民营企业获取地方政府纾困的力度更大。表 5-12 的第（2）列的结果显示，国有资本参股的比例（*staterate*）的回归系数在 1% 统计水平上显著为正（系数 =0.900，t 值 =3.15），表明在出现股权质押风险的民营企业中，民营企业国有资本参股比例（*staterate*）越大，其获取地方政府纾困的力度越大。上述实证结果表明，在更换被解释变量（地方政府纾困力度）的衡量方法后，本书的研究结论依然成立。

表 5-12　更换被解释变量的衡量方法（国有资本参股）

	(1) (tobit) lngovsup	(2) (tobit) lngovsup
statedum	5.162** (2.51)	
staterate		0.900*** (3.15)
pc	1.089 (0.47)	0.532 (0.23)
employsale	72.570 (0.64)	51.415 (0.45)
cfo	-32.327** (-2.28)	-33.665** (-2.36)
*top*1	-0.235*** (-2.78)	-0.236*** (-2.80)
lev	-3.524 (-0.58)	-3.590 (-0.59)
size	5.605*** (5.04)	5.600*** (5.04)
growth	2.876 (1.59)	2.576 (1.41)
roa	38.982 (1.12)	31.984 (0.89)
constant	-268.129*** (-9.16)	-269.072*** (-9.44)
industry	控制	控制
province	控制	控制
year	控制	控制
N	1429	1429
Pseudo R^2	0.099	0.100

注：括号内为经异方差调整后的 t 值；*、**、*** 分别表示在 10%、5% 和 1% 统计水平上显著。

（5）更换回归模型

为了进一步保证本书的研究结论的稳健性和可靠性，本书将更换回归模型以检验本书的假设是否成立。前文对民营企业国有资本参股与地方政府纾困力度的关系的检验用的是 tobit 模型，为了进一步检验两者的关系，本书改用 OLS 模型进行再检验。表 5-13 的第（1）

列的结果显示，民营企业是否存在国有资本参股（*statedum*）的回归系数在 5% 统计水平上显著为正（系数 = 0.005，t 值 = 2.30），表明在出现股权质押风险的民营企业中，相比于没有国有资本参股的民营企业，有国有资本参股的民营企业获取地方政府纾困的力度更大。表 5 – 13 的第（2）列的结果显示，国有资本参股的比例（*staterate*）的回归系数在 5% 统计水平上显著为正（系数 = 0.001，t 值 = 2.41），表明在出现股权质押风险的民营企业中，民营企业国有资本参股比例（*staterate*）越大，其获取地方政府纾困的力度越大。上述结果表明，在更换回归模型后，本书的研究结论依然成立，表明本书的结论是稳健的。

表 5 – 13　　更换回归模型（国有资本参股）

	(1) (ols) govsup	(2) (ols) govsup
statedum	0.005** (2.30)	
staterate		0.001** (2.41)
pc	0.005* (1.79)	0.005* (1.69)
employsale	0.004 (0.04)	−0.014 (−0.12)
cfo	−0.016 (−1.06)	−0.016 (−1.03)
*top*1	−0.000 (−0.75)	−0.000 (−0.60)
lev	−0.010* (−1.74)	−0.011* (−1.83)
size	0.003*** (3.53)	0.003*** (3.64)
growth	0.003* (1.75)	0.003 (1.64)
roa	0.007 (0.23)	0.002 (0.06)
constant	−0.089*** (−3.12)	−0.089*** (−3.11)

续表

	(1) (ols) govsup	(2) (ols) govsup
industry	控制	控制
province	控制	控制
year	控制	控制
N	1429	1429
Adj. R^2	0.051	0.053

注：括号内为经异方差调整后的 t 值；*、**、*** 分别表示在 10%、5% 和 1% 统计水平上显著。

5.5 本章小结

本书以 2017 年至 2019 年期间出现股权质押风险的民营上市公司为研究样本，从理论上分析了民营企业国有资本参股对其获取地方政府纾困的影响并进行了实证检验。结果表明，在出现股权质押风险的民营企业中，国有资本参股的民营企业获取地方政府纾困的概率和力度更大，并且国有资本参股的比例越大，获取地方政府纾困的概率和力度越大。本书还考察了市场化程度对上述关系的调节效应，结果表明，在市场化程度较高的地区，国有资本参股对民营企业获取地方政府纾困的促进作用更不明显。本书进一步考察了国有资本参股来源地对民营企业获取地方政府纾困的影响，结果表明，相比于异地国有资本参股，本地国有资本参股的民营企业获取地方政府纾困的概率和力度更大。本书利用倾向得分匹配法（PSM）、Heckman 两阶段回归法、工具变量法、更换关键变量的衡量方法以及更换回归模型进一步对上述结果进行检验后，本书的研究结论依然成立。上述研究结论表明，国有资本参股有助于民营企业获取地方政府纾困。

第6章　信贷关系对地方政府纾解民企股权质押风险影响的实证研究

前文从国有资本参股视角分析和检验了地方政府是否更倾向于纾困国有资本参股的民营企业，研究结果表明，在出现股权质押风险的民营企业中，国有资本参股的民营企业更能获得地方政府的纾困。本章将从经济关联的另一个视角即信贷关系，来分析和检验民营企业与银行存在信贷关系是否有助于民营企业获得地方政府的纾困。

6.1　问题的提出

民营企业为了满足融资要求，降低融资约束，大股东往往将其所拥有的股权作为质押标的物而设立质押。但高比例的股权质押会带来一系列的不良经济后果，比如会加剧控股股东对上市公司资金的占用程度，强化控股股东对上市公司的侵占效应，进而降低公司投资效率（柯艳蓉和李玉敏，2019），损害公司业绩和价值（郝项超和梁琪，2009；郑国坚等，2014）。股权质押还可能促使控股股东隐藏“坏消息”以掩盖其侵占中小股东利益和损害公司价值的行为，进而增加了公司信息披露违规的概率（张晨宇和武剑锋，2019），降低了公司风险承担水平（何威风等，2018；Dou et al.，2019），增加了公司的股价崩盘风险（夏常源和贾凡胜，2019），可能动摇资本市场信心，从而引发资本市场系统性风险（冯晓晴等，2020）。基于民营经济在国民经济中的重要地位和在税收、就业等方面的重要贡献和股权质押所产生的负面经济后果，地方政府为了实现地区经济发展，维护社会稳定以及追逐政治晋升等目标，有动机纾困出现股权质押风险的民营企业。然而，政府尤其是地方政府的资源是有限的，地方政府不可能对所有出现股权质押风险的民营企业予以纾困。

虽然面临融资的所有权性质歧视（白俊和连立帅，2012），但银行借款仍然是民营企业融资的方式之一。当民营企业与银行存在信贷关系，并且民营企业出现股权质押风险后，可能导致企业信誉下降，融资约束加剧（唐玮等，2019），进而影响企业的现金流以及经营管理（欧阳才越等，2018），增加了企业发生破产的风险。一旦企业发生破产，银行借款将无法偿还，导致银行利益受损，而我国的银行大多数是国有商业银行（白俊和连立帅，2012），因此也就会导致政府的经济利益受损。特别是对于地方性商业银行而言，大量不良贷款将对当地经济增长和社会稳定造成较大负面影响，影响了地方政府的经济发展、社会稳定以及官员的政治升迁目标。同时，银行借款无法偿还的这种信贷风险不仅会对民营企业的创新能力（张瑾华等，2016）、投资效率（邓路等，2017）和公司价值（何瑛和张大伟，2015）等造成较大的负面影响，还可能导致系统性金融风险，从而导致宏观经济波动（王博等，2019）。因此，当民营企业出现股权质押风险后，地方政府是否会出于保护自身利益的动机而更倾向于纾困与银行存在信贷关系的民营企业呢？

基于理论和现实的需要，本书以 2017 年至 2019 年之间出现股权质押风险的民营上市公司为研究样本，基于政府干预理论、利益相关者理论以及股权质押的相关理论，从理论上分析了民营企业出现股权质押风险后，民营企业与银行存在信贷关系是否有助于民营企业获取地方政府纾困问题，并以民营上市公司股权质押的数据对此进行了实证检验，力图提供地方政府纾困出现股权质押风险的民营企业方面的理论框架和经验证据，为民营企业经济关联与政府扶持以及缓解股权质押风险方面提供增量的文献贡献。

6.2 理论分析与假设提出

延续第 5 章的分析逻辑，可以发现，由于民营企业在国民经济、就业和社会稳定方面的重要性和股权质押风险的较大危害性，使得地方政府有意愿和能力纾困出现股权质押风险的民营企业。

但是，作为政府尤其是地方政府的财力是有限的，地方政府不可能对所有出现股权质押风险的民营企业进行纾困。那么，地方政府更倾向于纾困哪些民营企业呢？除了第 5 章研究的国有资本参股之外，是否还存在其他的经济关联因素呢？本书认为，民营企业与银行存在信贷关系是影响地方政府纾困决策的另一个经济关联因素。理由如下：

第一，当与银行存在信贷关系的民营企业出现股权质押风险后，可能会产生大量银行不良贷款，使银行利益受损，不仅造成国有资产的流失，还可能带来系统性金融风险，影响地方金融乃至国家金融的稳定安全，这将促使地方政府更倾向于纾困与银行存在信贷关系的民营企业。当民营企业与银行存在信贷关系，并且民营企业出现股权质押风险后，可能导致企业信誉下降，融资约束加剧（唐玮等，2019），进而影响企业的现金流以及经营管理（欧阳才越等，2018），增加企业的破产风险。一旦企业发生破产，银行借款将无法偿还，导致银行利益受损。而我国的银行大多数是国有商业银行（白俊和连立帅，2012），特别是对于地方性商业银行而言，大量不良贷款将对地方性商业银行的资产造成较大负面影响，而地方性商业银行的实际控制人是地方政府，不良贷款将给作为地方性商业银行实际控制人的地方政府带来直接的经济利益损失，造成国有资产的流失，影响国有资产的保值增值。因此，为了防止国有资产的流失，地方政府会更倾向于纾困有信贷关系的民营企业。另外，当与银行存在信贷关系的民营企业出现股权质押风险后，可能导致信贷风险，这可能会带来系统性金融风险，影响地方金融乃至国家金融的稳定安全。由于民营企业的信贷风险具有传染性，能够通过民营企业个体的融资风险通过风险信息传染机制（李方方等，2020）和风险聚集机制（张晓晶等，2019），传染到金融企业，对金融企业产生金融压力，增加商业银行不良贷款（张海亮等，2018），影响金融企业的风险承担水平（刘南希和李戎，2020），并通过风险聚集机制（张晓晶等，2019），将这种金融风险累积到一定程度，有可能触发系统性金融风险（毛锐等，2018），并且通过股权质押风险和金融风险的“双螺旋”结构，影响地方金融乃至国家金融的稳定安全，危害整个社会的经济运行（熊琛和金昊，2018）。因此，这种巨大的信贷风险加剧了地方政府对风险的忧虑程度，为了避免股权质押风险和金融风险的“双螺旋”结构所产生的危害性，地方政府会更倾向于纾困有信贷关系的民营企业。上述内容表明，当与银行存在信贷关系的民营企业出现股权质押风险后，不仅给地方政府带来直接的经济利益损失，造成国有资产的流失，影响国有资产的保值增值，还可能带来系统性金融风险，影响地方金融乃至国家金融的稳定安全。因此，地方政府为了防止上述负面经济后果的发生，会更倾向于纾困与银行存在信贷关系的民营企业。

第二，当与银行存在信贷关系的民营企业出现股权质押风险后，可能导致信贷风险，这将给民营经济发展带来负面影响，进而影响地方政府的经济社会目标和政治晋升目标，使地方政府更倾向于纾困有信贷关系的民营企业。当民营企业出现股权质押风险后，可能导致企业的融资约束加剧（唐玮等，2019），恶化企业的流动性资金困境，进而影响企业的经营活动（欧阳才越等，2018），造成企业业绩下滑（夏一丹等，2019），这将损害民营经济对国民经济的贡献程度。而民营经济具有非常重要的“56789 效应”，即民营经济贡献了 50% 以上的税收，60% 以上的国内生产总值，70% 以上的技术创新成果，80% 以上的城镇劳动就业，90% 以上的企业数量。民营企业股权质押风险可能导致民营经济的“56789 效应”的降低，对当地的财政收入、GDP、税收、就业、技术创新等指标造成较大的负面影响，进而影响地方政府的经济社会目标和政治升迁目标。同时，当与银行存在信贷关系的民营企业出现股权质押风险后，可能导致民营企业无法及时归还银行贷款而产生信贷风险，这将弱化财务杠杆的积极作用，恶化企业的风险融资体征和破产风险（杨宇焰等，2018；刘晓光和刘元春，2019），降低企业的投资效率（邓路等，2017），加剧企业的融资约束（姜付秀等，2019），抑制民营企业创新能力（张瑾华等，2016），弱化公司治理能力（戴文涛和马超，2015），从而降低企业的生产效率（项松林和魏浩，2014），最终影响企业价值（何瑛和张大伟，2015），甚至可能导致企业破产清算（杨宇焰等，2018）。因此，信贷风险也将影响民营经济的“56789 效应”，影响地方政府的经济社会目标和政治晋升目标。另外，从负债水平对地方政府的影响来看，地方负债水平较高，会影响地方政府的财政政策实施的效果（时红秀，2007），降低地区的全要素生产率（缪小林和赵一心，2019），从而降低地区的经济增长水平（梁帅，2017），在存在政治官员晋升的“政治晋升锦标赛”的环境中，由于地方融资风险产生的经济增长下降是地方政府所不能容忍的，因此，地方政府更加有意愿和动力纾困有信贷关系的民营企业。上述分析表明，当与银行存在信贷关系的民营企业出现股权质押风险后，对当地的经济社会发展带来较大负面效应，进而影响地方政府的经济社会良性发展需求以及政治升迁目标，因此，地方政府有动机更倾向于纾困与银行存在信贷关系的民营企业。

第三，当与银行存在信贷关系的民营企业出现股权质押风险后，可能导致信贷风险，这将会降低第三类代理成本（即地方政府的代理成本），提高地方政府利用政治权力和经济权力的效率，从而优化地方政府对股权质押风险的民营企业的纾困程序，提高纾困效率，进而使地方政府更倾向于纾困有信贷关系的民营企业。如前文所述，信贷风险将对民营企业的创新能力、投资效率、公司价值等造成较大的负面影响（张瑾华等，2016；邓路等，2017；何瑛和张大伟，2015），这会降低作为代理人的地方政府对经济的“剩余索取”的程度（Jin et al.，2005），促进地方政府利用政治权力和经济权力干预信贷风险产生的负面经济后果（王守坤和任保平，2009），从而会影响地方政府对民营企业的纾困概率和纾困强度，促使地方政府更倾向于纾困与银行存在信贷关系的民营企业。

第四，当与银行存在信贷关系的民营企业出现股权质押风险后，可能使企业的控股股东发生变更，从而打破原有的银企合作关系，使银行需要重新选择借款企业，增加了银行对借款企业资质信用的信息搜寻成本和调查成本。而我国的银行大多数是国有商业银行（白俊和连立帅，2012），特别是对于地方性商业银行而言，信息搜寻成本和调查成本的增加会给地方性商业银行的实际控制人地方政府带来额外的成本。因此，为了维护稳定的银企合作关系，地方政府会更倾向于纾困与银行存在信贷关系的民营企业。

通过上述分析可以发现，当与银行存在信贷关系的民营企业出现股权质押风险后，不仅会损害地方政府的直接经济利益，影响当地的经济发展和社会稳定，还可能带来系统性金融风险等负面效应，甚至影响地方金融乃至国家金融的稳定安全。因此，地方政府有动机和意愿更倾向于纾困与银行存在信贷关系的民营企业。基于上述分析，本书提出如下假设：

假设6-1：在出现股权质押风险的民营企业中，有银行借款的民营企业获取地方政府纾困的概率和力度更大，并且银行借款越多，获取地方政府纾困的概率和力度越大。

延续前文的分析，民营企业从银行获取的长期借款的占比是否会对地方政府的纾困决策产生影响呢？本书认为，民营企业的长期借款占比情况能够在一定程度上反映了该民营企业与地方政府经济关联的密切程度，地方政府更有动机和意愿对长期借款占比较高的民营企业进行纾困。理由如下：

第一，从长期贷款用途来看，民营企业进行长期贷款的目的主要用于固定资产项目投资，而固定资产投资会增加地方 GDP，促进当地的经济发展，因此，地方政府会更倾向于纾困长期借款占比较高的民营企业。根据 GDP 投入核算法，地方企业的新增固定资产投资是纳入当期 GDP 核算范围（许宪春和吕峰，2018），因此，民营企业通过长期贷款用于固定资产投资能够增加当地的 GDP。在近年来，随着国内外经济发展不稳定因素增加，并且中国经济正处于新旧动能转换的关键时期，稳定经济增长尤为必要（胡志鹏，2014；李静等，2017）。由于中国地方政府官员政治“晋升锦标赛”的存在（周黎安，2007），使得地方政府官员面临政治晋升的政绩压力。民营企业通过长期借款进行固定资产投资会增加地方 GDP，促进了地区的经济发展，从而降低地方政府的政绩压力。而地方政府可能会“投桃报李”（邹萍，2018；邓博夫等，2019），从而在辖区内的民营企业出现股权质押风险后，更倾向于纾困长期借款占比较高的民营企业。

第二，债务期限越长，不仅会对民营企业带来诸多负面影响，降低民营经济的“56789 效应”，还可能触发系统性金融风险，因此，地方政府会更倾向于纾困长期借款占比较高的民营企业。债务融资是民营企业重要的财务决策行为，债务期限结构则是债务契约的重要内容，它通过民营企业长期债务和短期债务之间构成的比例关系，规范着债权人与债务人的权利与义务。债务期限越长，未来的不确定性越高，风险越大（雒敏和麦海燕，2011）。根据风险信息传染机制（李方方等，2020）和风险聚集机制（张晓晶等，2019），债务期限越长，产生的信贷风险越大，越有可能和股权质押风险形成“双螺旋”结构，这不仅会对民营企业自身发展产生诸多负面影响，如降低企业的投资效率（邓路等，2017），弱化公司治理能力（戴文涛和马超，

2015），损害企业价值（何瑛和张大伟，2015），进而降低民营经济的“56789效应”，还会影响金融企业的风险承担水平（刘南希和李戎，2020）和触发系统性金融风险（毛锐等，2018），对当地经济发展和社会稳定产生较大负面影响。另外，债务期限越长，债务的约束力越差（Rajan，1992；张伟和王海洋，2013），不能发挥债权治理效应，提高了企业机会主义行为（Diamond，1991），导致薪酬契约的激励强度越低（夏雪花，2013）和企业的投资效率越低（Myers，1977；陈建勇等，2009；胡启明等，2015），致使企业成长性越差（李梦雅等，2018），从而影响企业价值（李琪和杨红芬，2011），这也将影响民营企业对国民经济的贡献程度。因此，当民营企业出现股权质押风险后，地方政府会更倾向于纾困长期借款占比较高的民营企业。

第三，债务期限越长，对民营企业的资质信用要求越高，而资质信用较高的民营企业对当地经济的贡献程度较大，因此，地方政府会更倾向于纾困长期借款占比较高的民营企业。从债务期限契约来看，债务期限越长的债务契约不仅要求较高的利息，还会对企业的资质信用作出要求。一般而言，债务期限越长，对企业的资质信用要求越高，如果民营企业的长期借款占比较高，一般可以表明该企业的资质信用状况更佳，那么，地方政府纾困这些债务期限长的民营企业，就意味着纾困那些资质信用较好的民营企业，这样就越能够发挥民营企业的“头羊效应”（沈艺峰和陈旋，2016），有利于发挥民营经济的“56789效应”。因此，地方政府会更倾向于纾困长期借款占比较高的民营企业。

通过上述分析可以发现，民营企业从银行获取的长期借款占比情况可以体现该民营企业与地方政府经济关联的密切程度，地方政府为了实现经济社会的良性发展目标以及政治晋升目标，有动机和意愿更倾向于纾困长期借款占比较高的民营企业。基于上述分析，本书提出如下假设：

假设 6－2：在出现股权质押风险的民营企业中，长期借款占比较高的民营企业获取地方政府纾困的概率和力度更大。

我国正处于经济转型的过程中，由于各地区资源禀赋、地方政策的不同，市场化程度存在着明显的地域差异（樊纲等，2011）。不同区域间制度环境在资源禀赋、政府能力、初始软环境水平及文化习俗等多个方面会存在差异，这种差异表现为在两个区域内存在不同的规则或行为准则，具体包括当地的法律法规、机制设计、人文环境等多个方面（蔡洁，2007）。那么，在不同的市场化程度下，与银行存在信贷关系这一因素对民营企业获取地方政府纾困的作用是否会有不同呢？本书认为，市场化程度会弱化信贷关系对民营企业获取地方政府纾困的促进作用，具体体现在以下两个方面：

第一，市场化程度越高的地区，政府尊重市场规律的意愿越强，越能减少政府在市场经济中的干预作用（张耀伟，2006），政府对国有资本的偏袒程度越弱，促进政府职能由发展型政府向服务型政府转变，强化政府的服务意识（侯青川等，2015）。因此，市场化程度越高的地区，地方政府越能按照市场化形式进行纾困，从而降低民营企业与银行的信贷关系对地方政府纾困决策的影响，进而弱化信贷关系与民营企业获取地方政府纾困之间的关系。

第二，从经济关联作用程度来看，在市场化程度较高的地区，当民营企业出现股权质押风险后，地方政府可能会更加积极地扶持民营企业而更不大看重该民营企业是否存在经济关联。换句话说，在市场化程度较好的地区，民营企业经济关联带来的获取政府扶持的效应会更弱。因此，在市场化程度较好的地区，当民营企业出现股权质押风险后，民营企业与银行的信贷关系对民营企业获取地方政府纾困的促进效应会减弱。

通过上述分析可以发现，地区的市场化程度越高，政府尊重市场规律的意愿越强，越能减少政府在市场经济中的干预作用，经济关联作用程度会减弱，带来的政府扶持效应也越小。因此，较高的市场化程度能够弱化信贷关系对民营企业获取地方政府纾困的促进作用。根据上述分析，本书提出如下假设：

假设6-3：在市场化程度较高的地区，信贷关系对民营企业获取地方政府纾困的促进作用更不明显。

6.3 研究设计

6.3.1 样本选取和数据来源

本书以2017—2019年出现股权质押风险的民营上市公司为研究对象。股权质押风险数据来自于同花顺数据库（Ifind）中的“股权质押风险模型”数据。若民营上市公司股票收盘价在研究样本期间内曾经低于预警线，则视为股权质押出现了风险。若股票收盘价多次低于预警线，仅保留时间最早的一次。被纾困的民营上市公司名单主要来自东方财富网 Choice 数据库，本书还通过手动搜集巨潮资讯网、百度、新浪财经等网站信息对纾困样本进行了补充和完善。民营上市公司银行借款数据来源于国泰安（CSMAR）数据库。民营上市公司政治关联数据来自于国泰安（CSMAR）数据库中的“董监高个人特征数据”，并通过手工整理个人简历而成。本书其他财务数据和公司治理数据均来自于国泰安（CSMAR）数据库。本书按以下标准筛选研究样本：剔除金融类上市公司；剔除数据缺失、数据异常的样本。最终得到1429个观测值。本书还对模型中所有连续变量进行了上下1%的winsorize（缩尾）处理。数据处理和分析采用的是Stata15.0。

6.3.2 模型构建和变量定义

（1）模型构建。为检验假设6-1，本书构建了模型（6-1）—

模型（6－8）：

$$logit(govsupdum) = \beta_0 + \beta_1 debtdum + \sum controls + \sum industry + \sum province + \sum year + \varepsilon \quad (6-1)$$

$$tobit(govsup) = \beta_0 + \beta_1 debtdum + \sum controls + \sum industry + \sum province + \sum year + \varepsilon \quad (6-2)$$

$$logit(govsupdum) = \beta_0 + \beta_1 debt + \sum controls + \sum industry + \sum province + \sum year + \varepsilon \quad (6-3)$$

$$tobit(govsup) = \beta_0 + \beta_1 debt + \sum controls + \sum industry + \sum province + \sum year + \varepsilon \quad (6-4)$$

为检验假设 6－2，本书构建了如下模型：

$$logit(govsupdum) = \beta_0 + \beta_1 longdebtdum + \sum controls + \sum industry + \sum province + \sum year + \varepsilon \quad (6-5)$$

$$tobit(govsup) = \beta_0 + \beta_1 longdebtdum + \sum controls + \sum industry + \sum province + \sum year + \varepsilon \quad (6-6)$$

为检验假设 6－3，本书构建了如下模型：

$$logit(govsupum) = \beta_0 + \beta_1 debt + \beta_2 indexdum + \beta_3 debt \times indexdum + \sum controls + \sum industry + \sum province + \sum year + \varepsilon \quad (6-7)$$

$$tobit(govsup) = \beta_0 + \beta_1 debt + \beta_2 indexdum + \beta_3 debt \times indexdum + \sum controls + \sum industry + \sum province + \sum year + \varepsilon \quad (6-8)$$

由于被解释变量 *govsupdum* 为虚拟变量（0 或 1），因此本书用 logit 模型对模型中的系数进行估计。另外，考虑到被解释变量 *govsup*

是以 0 为下限，0.268 为上限的截尾变量，为获得稳健且一致估计量，本书用 tobit 模型展开系数估计。

（2）变量定义

①被解释变量（*govsupdum*，*govsup*）。地方政府纾困为本书模型的被解释变量。本书所称的地方政府纾困，是指由地方政府通过其牵头成立的国资背景的纾困基金对出现股权质押风险的民营企业采取的资金扶持措施，目的是纾解民营企业的股权质押风险和流动性压力，纾困方式包括债权型纾困和股权型纾困两大类型，其中债权型纾困包括质押融资、转质押和借款等三种具体类型，股权型纾困包括协议转让股份、大宗交易转让股份、参与上市公司定向增发和对上市公司的子公司、孙公司增资扩股等几种具体类型。相关详情可参见本书第 3 章 3.3 中内容。若民营企业被地方政府纾困，则地方政府纾困虚拟变量 *govsupdum* 取 1，否则取 0。*govsup* 表示民营企业被地方政府纾困的力度，等于交易金额/公司总市值。

②解释变量（*debtdum*，*debt*，*longdebtdum*）。第一，银行借款虚拟变量（*debtdum*）：若民营企业有银行借款，即短期借款加上长期借款大于 0，则 *debtdum* 为 1，否则为 0。

银行借款(*debt*) =（民营企业获得的短期借款 + 长期借款）÷ 公司总资产

长期借款占比 = 民营企业获得的长期借款 ÷（短期借款 + 长期借款）

本书对有银行借款的样本按长期借款占比的中位数高低划分，大于中位数时，*longdebtdum* 为 1，否则为 0。

第二，市场化程度（*indexdum*）。本书采用王小鲁等（2017）发布的《中国分省份市场化指数报告（2016）》中的市场化指数来度量各地区的市场化程度。由于该数据只更新到 2016 年，2017—2019 年数据根据以前年度该指数的增长趋势推算得到。本书将市场化程度按中位数分为市场化程度较高组和市场化程度较低组。当市场化程度较高时 *indexdum* = 1，市场化程度较低时 *indexdum* = 0。

③控制变量（*controls*）。根据以往的研究（潘越等，2009；郭剑花和杜兴强，2011；王红建等，2015），本书控制了以下变量：政治关联（*pc*）、公司雇员规模（*employsale*）、经营活动现金净流量（*cfo*）、第一大股东持股比例（*top*1）、资产负债率（*lev*）、公司规模（*size*）、公司成长性（*growth*）、盈利能力（*roa*）。此外，本书还控制了行业虚拟变量（*industry*）、地区虚拟变量（*province*）、年度虚拟变量（*year*）（见表 6－1）。

表 6－1　　　　变量定义表

变量类型	变量含义	变量符号	变量定义
被解释变量	地方政府纾困	*govsupdum*	*govsupdum* 表示民营企业是否被地方政府纾困的虚拟变量，若民营企业被地方政府纾困，则 *govsupdum* 取 1，否则取 0
		govsup	*govsup* 表示民营企业被地方政府纾困的力度，等于交易金额除以公司总市值
解释变量	银行借款	*debtdum*	银行借款虚拟变量（*debtdum*）：若民营企业有银行借款，即短期借款＋长期借款大于 0，则 *debtdum* 为 1，否则为 0
		debt	银行借款(*debt*)＝(民营企业获得的短期借款＋长期借款)/公司总资产
		longdebtdum	长期借款占比＝民营企业获得的长期借款/(短期借款＋长期借款)。本书对有银行借款的样本按长期借款占比的中位数高低划分，大于中位数时，则长期借款占比虚拟变量 *longdebtdum* 为 1，否则为 0
	市场化程度	*indexdum*	根据王小鲁等（2017）发布的《中国分省份市场化指数报告（2016）》中的市场化指数，本书将市场化程度按中位数分为市场化程度较高组和市场化程度较低组。当市场化程度较高时 *indexdum*＝1，市场化程度较低时 *indexdum*＝0

续表

变量类型	变量含义	变量符号	变量定义
控制变量	政治关联	*pc*	若民营企业的董事长或总经理曾经或者现在担任政府官员、人民代表大会代表或政协委员，则 *pc* 为 1，否则为 0
	公司雇员规模	*employsale*	公司每万元营业收入的雇员人数，即员工人数除以营业收入（万元）
	经营活动现金净流量	*cfo*	公司经营活动现金净流量除以公司总资产
	第一大股东持股比例	*top*1	公司第一大股东持股比例
	资产负债率	*lev*	公司总负债除以总资产
	公司规模	*size*	公司总资产的自然对数
	公司成长性	*growth*	公司营业收入增长率
	盈利能力	*roa*	公司总资产收益率
	行业虚拟变量	*industry*	控制行业差异的影响
	地区虚拟变量	*province*	控制地区差异的影响
	年度虚拟变量	*year*	控制年度差异的影响

6.4 实证结果分析

6.4.1 描述性统计

表 6 - 2 报告了主要变量的描述性统计结果。如表 6 - 2 所示，民营企业是否获取地方政府纾困虚拟变量（*govsupdum*）的均值为 0.178，表明在出现股权质押风险的民营企业中，被地方政府纾困的民营企业占比约为 17.8%。地方政府纾困力度（*govsup*）的均值为 0.011，中位数为 0.000，标准差为 0.038，最小值为 0.000，最大值为 0.268。民营企业是否有银行借款（*debtdum*）的均值为 0.865，表

明目前有 13.5% 的民营企业无法从银行融资。民营企业银行借款（*debt*）的均值为 0.141，标准差为 0.114，最小值为 0.000，最大值为 0.484。民营企业雇员规模（*employsale*）的均值为 0.014，中位数为 0.012。政治关联（*pc*）的均值为 0.206，中位数为 0.000，表明大约有 20.6% 的民营企业的董事长或总经理曾经或者现在担任政府官员、人大代表或政协委员。民营企业第一大股东持股比例（*top*1）的均值为 29.647%，中位数为 28%，表明民营企业股权结构较为集中。民营企业资产负债率（*lev*）的均值为 0.407，中位数为 0.401，经营活动现金净流量（*cfo*）的均值为 0.018，中位数为 0.024，最小值为 −0.245，最大值为 0.212，总资产收益率（*roa*）的均值为 0.021，中位数为 0.019。

表 6 − 2　　　　描述性统计

variable	N	mean	sd	min	p50	max
govsupdum	1429	0.178	0.382	0.000	0.000	1.000
govsup	1429	0.011	0.038	0.000	0.000	0.268
debtdum	1429	0.865	0.342	0.000	1.000	1.000
debt	1429	0.141	0.114	0.000	0.130	0.484
longdebtdum	1236	0.500	0.500	0.000	0.500	1.000
indexdum	1429	0.554	0.497	0.000	1.000	1.000
pc	1429	0.206	0.405	0.000	0.000	1.000
employsale	1429	0.014	0.010	0.001	0.012	0.049
cfo	1429	0.018	0.074	−0.245	0.024	0.212
*top*1	1429	29.647	12.304	8.120	28.000	65.520
lev	1429	0.407	0.196	0.054	0.401	0.905
size	1429	21.980	1.041	19.813	21.935	24.602
growth	1429	0.254	0.527	−0.721	0.141	2.556
roa	1429	0.021	0.031	−0.096	0.019	0.117

表 6 − 3 报告了按民营企业是否有银行借款（*debtdum*）分组后，民营企业获取地方政府纾困的概率（*govsupdum*）和力度（*govsup*）

的差异情况。如表 6－3 所示，有银行借款的民营企业获取地方政府纾困的概率（*govsupdum*）和力度（*govsup*）的均值和中位数均在 1% 统计水平上显著大于没有银行借款的民营企业，表明在出现股权质押风险的民营企业中，相对于没有银行借款的民营企业，有银行借款的民营企业获取地方政府纾困的概率和力度更大，本书的假设 6－1 初步得到支持。

表 6－3　差异检验

variables	debtdum = 0			debtdum = 1			(debtdum = 1) − (debtdum = 0)	
	N	Mean	Median	N	Mean	Median	均值差异	中位数差异
govsupdum	193	0.078	0.000	1236	0.193	0.000	0.116***	0.000***
govsup	193	0.003	0.000	1236	0.012	0.000	0.009***	0.000***

注：均值差异为 t 检验，中位数差异为 Wilcoxon 秩和检验。***、**、* 分别表示在 1%、5%、10% 统计水平上显著。

6.4.2　相关性分析

表 6－4 列示了模型中主要变量之间的相关系数。如表 6－4 所示，民营企业银行借款（*debtdum*，*debt*）与地方政府纾困的概率（*govsupdum*）和力度（*govsup*）之间的相关系数均为正，其中 *debtdum* 与 *govsupdum*、*govsup* 之间的相关系数分别为 0.103 和 0.082，且均在 1% 统计水平上显著；*debt* 与 *govsupdum* 之间的相关系数为 0.061，且在 5% 统计水平上显著。上述结果初步支持了本书的假设 6－1。

6.4.3　多元回归分析

（1）民营企业银行借款与地方政府纾困

表 6－5 列示了在出现股权质押风险的民营企业中，民营企业银行借款与地方政府纾困关系的多元回归分析结果。表 6－5 的第（1）、第（2）列报告了民营企业是否有银行借款对民营企业获取地

表 6-4　　pearson 相关系数

	govsupdum	govsup	debtdum	debt	pc	employsale	cfo	top1	lev	size	growth	roa
govsupdum	1											
govsup	0.638 ***	1										
debtdum	0.103 ***	0.082 ***	1									
debt	0.061 **	0.023	0.489 ***	1								
pc	-0.002	0.039	0.055 **	0.046 *	1							
employsale	-0.003	-0.017	-0.134 ***	-0.150 ***	-0.004	1						
cfo	-0.088 ***	-0.041	-0.150 ***	-0.252 ***	0.010	0.107 ***	1					
top1	-0.083 ***	-0.036	-0.078 ***	0.008	0.010	0.008	0.078 ***	1				
lev	0.037	0.002	0.397 ***	0.691 ***	0.053 **	-0.199 ***	-0.306 ***	0.020	1			
size	0.089 ***	0.071 ***	0.366 ***	0.387 ***	0.018	-0.347 ***	-0.080 ***	0.009	0.474 ***	1		
growth	0.039	0.041	0.029	-0.030	0.050 *	-0.056 **	-0.066 **	-0.004	0.022	-0.052 **	1	
roa	-0.007	-0.007	-0.073 ***	-0.210 ***	-0.080 ***	-0.125 ***	0.341 ***	0.139 ***	-0.294 ***	0.003	-0.031	1

注：***、**、* 分别表示在 1%、5%、10% 统计水平上显著。

方政府纾困的概率和力度的影响。第（1）列的结果显示，民营企业是否有银行借款（*debtdum*）的回归系数在1%统计水平上显著为正（系数=0.929，z值=3.00），表明在出现股权质押风险的民营企业中，相比于没有银行借款的民营企业，有银行借款的民营企业获取地方政府纾困的概率更大。第（2）列的结果显示，民营企业是否有银行借款（*debtdum*）的回归系数在1%统计水平上显著为正（系数=0.066，t值=3.56），表明在出现股权质押风险的民营企业中，相比于没有银行借款的民营企业，有银行借款的民营企业获取地方政府纾困的力度更大。第（1）、第（2）列的结果表明，在出现股权质押风险的民营企业中，相比于没有银行借款的民营企业，有银行借款的民营企业获取地方政府纾困的概率和力度更大。表6-5的第（3）、第（4）列报告了民营企业银行借款对其获取地方政府纾困的概率和力度的影响。第（3）列的结果显示，民营企业银行借款（*debt*）的回归系数在5%统计水平上显著为正（系数=2.061，z值=1.96），表明在出现股权质押风险的民营企业中，民营企业银行借款（*debt*）越大，其获取地方政府纾困的概率越大。第（4）列的结果显示，民营企业银行借款（*debt*）的回归系数在5%统计水平上显著为正（系数=0.124，t值=1.98），表明在出现股权质押风险的民营企业中，民营企业银行借款（*debt*）越大，其获取地方政府纾困的力度越大。第（3）、第（4）列的结果表明，在出现股权质押风险的民营企业中，民营企业银行借款（*debt*）越大，其获取地方政府纾困的概率和力度越大。表5-5的第（1）—第（4）列的联合结果表明，在出现股权质押风险的民营企业中，有银行借款的民营企业获取地方政府纾困的概率和力度更大，并且民营企业银行借款越大，民营企业获取地方政府纾困的概率和力度越大，本书的假设6-1得到了经验证据的支持。

在控制变量方面，表6-5的第（1）—第（4）列的结果显示，公司规模（*size*）的回归系数均在1%统计水平上显著为正，表明在出现股权质押风险的民营企业中，公司规模（*size*）越大，民营企业获取地方政府纾困的概率和力度越大。表 6－5 的第（4）列的结果显示，公司成长性（*growth*）的回归系数在 5% 统计水平上显著为正，表明在出现股权质押风险的民营企业中，公司成长性（*growth*）越好，地方政府对其纾困的力度会越大。表 6－5 的第（1）—第（4）列的结果显示，公司的经营性现金净流量（*cfo*）的回归系数至少在 10% 统计水平上显著为负，表明在出现股权质押风险的民营企业中，公司的经营性现金净流量（*cfo*）越少，民营企业获取地方政府纾困的概率和力度越大。表 6－5 的第（1）—第（4）列的结果显示，公司的第一大股东持股比例（*top*1）的回归系数至少在 10% 统计水平上显著为负，表明在出现股权质押风险的民营企业中，第一大股东持股比例（*top*1）越大，民营企业获取地方政府纾困的概率和力度越小。

表 6－5　民营企业银行借款与地方政府纾困

	(1) (logit) govsupdum	(2) (tobit) govsup	(3) (logit) govsupdum	(4) (tobit) govsup
debtdum	0.929*** (3.00)	0.066*** (3.56)		
debt			2.061** (1.96)	0.124** (1.98)
pc	−0.001 (−0.01)	0.010 (0.85)	0.059 (0.30)	0.014 (1.20)
employsale	6.006 (0.63)	0.172 (0.28)	6.173 (0.66)	0.142 (0.24)
cfo	−2.666** (−2.22)	−0.142** (−1.97)	−2.573** (−2.15)	−0.133* (−1.83)
*top*1	−0.017** (−2.34)	−0.001* (−1.82)	−0.019** (−2.56)	−0.001** (−2.17)
lev	−0.744 (−1.40)	−0.075** (−2.33)	−1.076* (−1.65)	−0.089** (−2.30)
size	0.429*** (4.44)	0.025*** (4.48)	0.466*** (4.90)	0.027*** (4.96)

续表

	(1) (logit) govsupdum	(2) (tobit) govsup	(3) (logit) govsupdum	(4) (tobit) govsup
growth	0.205 (1.22)	0.014 (1.58)	0.248 (1.52)	0.017 ** (2.00)
roa	2.877 (1.00)	0.109 (0.64)	3.721 (1.30)	0.157 (0.93)
constant	-12.598 *** (-4.94)	-1.243 *** (-8.56)	-12.718 *** (-4.96)	-1.258 *** (-69.05)
industry	控制	控制	控制	控制
province	控制	控制	控制	控制
year	控制	控制	控制	控制
N	1279	1429	1279	1429
Pseudo R^2	0.202	0.593	0.198	0.574

注：第（1）、第（3）列的括号内为经异方差调整后的 z 值，第（2）、第（4）列的括号内为经异方差调整后的 t 值；*、**、*** 分别表示在 10%、5% 和 1% 统计水平上显著。

（2）民营企业长期借款与地方政府纾困

表 6-6 列示了在出现股权质押风险的民营企业中，民营企业长期借款与地方政府纾困关系的多元回归分析结果。表 6-6 的第（1）列的结果显示，民营企业长期借款（*longdebtdum*）的回归系数在 5% 统计水平上显著为正（系数 =0.445，z 值 =2.49），表明在出现股权质押风险的民营企业中，相比于长期借款占比较低的民营企业，长期借款占比较高的民营企业获取地方政府纾困的概率更大。表 6-6 的第（2）列的结果显示，民营企业长期借款（*longdebtdum*）的回归系数在 5% 统计水平上显著为正（系数 =0.023，t 值 =2.14），表明在出现股权质押风险的民营企业中，相比于长期借款占比较低的民营企业，长期借款占比较高的民营企业获取地方政府纾困的力度更大。表 6-6 的第（1）、第（2）列的结果表明，在出现股权质押风险的民营企业中，相比于长期借款占比较低的民营企业，长期借款占比较高

的民营企业获得地方政府纾困的概率和力度更大，本书的假设6-2得到了经验证据的支持。

在控制变量方面，表6-6的结果显示，表明在出现股权质押风险的民营企业中，公司规模（*size*）越大，民营企业获取地方政府纾困的概率和力度越大；公司成长性（*growth*）越好，地方政府对其纾困的概率和力度越大；公司的经营性现金净流量（*cfo*）越少，民营企业获取地方政府纾困的概率和力度越大；第一大股东持股比例（*top*1）越大，民营企业获取地方政府纾困的概率和力度越小。

表6-6　　民营企业长期借款与地方政府纾困

	(1) (logit) govsupdum	(2) (tobit) govsup
longdebtdum	0.445** (2.49)	0.023** (2.14)
pc	0.077 (0.38)	0.015 (1.28)
employsale	1.388 (0.14)	-0.086 (-0.13)
cfo	-2.672** (-2.11)	-0.146* (-1.93)
*top*1	-0.020*** (-2.63)	-0.001** (-2.34)
lev	-0.801 (-1.39)	-0.077** (-2.24)
size	0.361*** (3.57)	0.020*** (3.54)
growth	0.330* (1.95)	0.019** (2.14)
roa	3.774 (1.16)	0.173 (0.91)

续表

	(1) (logit) govsupdum	(2) (tobit) govsup
constant	-10.184*** (-3.79)	-1.100*** (-5.76)
industry	控制	控制
province	控制	控制
year	控制	控制
N	1099	1236
Pseudo R^2	0.183	0.583

注：第（1）列的括号内为经异方差调整后的 z 值，第（2）列的括号内为经异方差调整后的 t 值；*、**、*** 分别表示在 10%、5% 和 1% 统计水平上显著。

（3）市场化程度、民营企业银行借款与地方政府纾困

表 6-7 列示了市场化程度对民营企业银行借款与地方政府纾困之间的关系的调节作用的回归结果。表 6-7 的第（1）列报告了市场化程度（*indexdum*）对民营企业银行借款（*debt*）与民营企业获取地方政府纾困的概率（*govsupdum*）之间的关系的调节作用的回归结果。第（1）列的结果显示，民营企业银行借款与市场化程度的交乘项（*debt × indexdum*）的回归系数在 10% 统计水平上显著为负（系数 = -2.518，z 值 = -1.70），表明在出现股权质押风险的民营企业中，相比于市场化程度较低的地区，在市场化程度较高的地区，信贷关系对民营企业获取地方政府纾困的概率的促进作用更不明显。表 6-7 的第（2）列报告了市场化程度（*indexdum*）对民营企业银行借款（*debt*）与民营企业获取地方政府纾困的力度（*govsup*）之间的关系的调节作用的回归结果。第（2）列的结果显示，民营企业银行借款与市场化程度的交乘项（*debt × indexdum*）的回归系数在 5% 统计水平上显著为负（系数 = -0.203，t 值 = -2.26），表明在出现股权质押风险的民营企业中，相比于市场化程度较低的地区，在市场化程度较高的地区，信贷关系对民营企业获取地方政府纾困的力度的

促进效应更不明显。表6-7的第（1）、第（2）列的联合结果表明，在出现股权质押风险的民营企业中，相比于市场化程度较低的地区，在市场化程度较高的地区，信贷关系对民营企业获取地方政府纾困的促进作用更不明显，本书的假设6-3得到了经验证据的支持。

表6-7　市场化程度、民营企业银行借款与地方政府纾困

	(1) (logit) govsupdum	(2) (tobit) govsup
debt	3.858*** (2.75)	0.268*** (3.06)
indexdum	1.197** (2.30)	0.071* (1.92)
debt × *indexdum*	-2.518* (-1.70)	-0.203** (-2.26)
pc	0.050 (0.25)	0.013 (1.12)
employsale	4.536 (0.48)	0.002 (0.00)
cfo	-2.712** (-2.20)	-0.143* (-1.95)
*top*1	-0.019*** (-2.65)	-0.001** (-2.30)
lev	-1.169* (-1.78)	-0.096** (-2.47)
size	0.474*** (4.97)	0.028*** (5.12)
growth	0.236 (1.44)	0.016* (1.91)
roa	3.686 (1.28)	0.152 (0.90)
constant	-13.227*** (-5.10)	-1.292*** (-5.82)

续表

	(1) (logit) govsupdum	(2) (tobit) govsup
industry	控制	控制
province	控制	控制
year	控制	控制
N	1279	1429
Pseudo R^2	0.201	0.585

注：第（1）列的括号内为经异方差调整后的z值，第（2）列的括号内为经异方差调整后的t值；*、**、*** 分别表示在10%、5%和1%统计水平上显著。

6.4.4 稳健性检验

（1）倾向得分匹配法（PSM）

虽然前文分析和检验了信贷关系对民营企业获取地方政府纾困的影响，但可能存在由于遗漏变量导致的内生性问题。因此，本书采用倾向得分匹配法（PSM）对假说进行再检验。本书控制的特征变量包括：政治关联（*pc*）、公司雇员规模（*employsale*）、经营性现金净流量（*cfo*）、第一大股东持股比例（*top*1）、资产负债率（*lev*）、公司规模（*size*）、营业收入增长率（*growth*）、总资产收益率（*roa*）、公司上市年限（*age*）、独立董事比例（*indrate*）、董事会规模（*board*）、董事长和总经理是否两职合一（*presmn*）（见表6－8）。

表6－8　　　　匹配效果检验（银行借款）

		均值		标准化偏差	t检验	
		处理组	对照组		t值	p值
pc	匹配前	0.215	0.150	16.8	2.08	0.038**
	匹配后	0.148	0.155	－1.8	－0.16	0.869
employsale	匹配前	0.013	0.017	－38.1	－5.10	0.000***
	匹配后	0.016	0.016	8.5	0.74	0.463

续表

		均值		标准化偏差	t 检验	
		处理组	对照组		t 值	p 值
cfo	匹配前	0. 014	0. 046	-43. 8	-5. 73	0. 000***
	匹配后	0. 046	0. 041	7. 6	0. 61	0. 540
*top*1	匹配前	29. 268	32. 075	-22. 5	-2. 96	0. 003***
	匹配后	32. 325	31. 398	7. 4	0. 62	0. 532
lev	匹配前	0. 438	0. 210	129. 5	16. 36	0. 000***
	匹配后	0. 252	0. 241	5. 7	0. 55	0. 584
size	匹配前	22. 130	21. 015	123. 9	14. 87	0. 000***
	匹配后	21. 104	21. 227	-13. 7	-1. 36	0. 176
growth	匹配前	0. 260	0. 216	8. 0	1. 08	0. 279
	匹配后	0. 250	0. 253	-0. 6	-0. 05	0. 959
roa	匹配前	0. 020	0. 027	-19. 7	-2. 78	0. 006***
	匹配后	0. 025	0. 026	-2. 7	-0. 20	0. 841
age	匹配前	2. 050	1. 680	48. 4	6. 67	0. 000***
	匹配后	1. 636	1. 696	-7. 8	-0. 68	0. 498
indrate	匹配前	0. 379	0. 384	-11. 6	-1. 47	0. 142
	匹配后	0. 387	0. 383	7. 7	0. 64	0. 521
board	匹配前	2. 072	2. 030	21. 7	2. 86	0. 004***
	匹配后	2. 042	2. 050	-3. 9	-0. 35	0. 730
presmn	匹配前	0. 423	0. 529	-21. 2	-2. 75	0. 006***
	匹配后	0. 507	0. 486	4. 2	0. 35	0. 723

注：*、**、*** 分别表示在 10%、5% 和 1% 统计水平上显著。

本书采用最近邻匹配法（1 ∶ 1）为存在银行借款的样本寻找配对样本，并使用 PSM 对本书的基本假设进行再检验。表 6 -8 列示了匹配后的处理组与对照组的各特征变量的差异结果，结果显示匹配后的处理组与对照组的各特征变量不存在显著差异。表 6 -9 列示了匹配后的回归结果。如表 6 -9 的第（1）、第（2）列所示，民营企业是否有银行借款（*debtdum*）的回归系数均在 10% 统计水平上显著为正（系数 =1. 505，z 值 =1. 78；系数 =0. 121，t 值 =1. 88），表明在出现股权质押风险的民营企业中，相比于没有银行借款的民营企业，有银行借款的民营企业获取地方政府纾困的概率和力度更大。表6－9的第（3）、第（4）列的结果显示，民营企业银行借款（*debt*）的回归系数均在5%统计水平上显著为正（系数＝14.064，z值＝1.99；系数＝1.088，t值＝2.49），表明在出现股权质押风险的民营企业中，民营企业银行借款（*debt*）越大，其获取地方政府纾困的概率和力度越大。因此，本书在控制了主要特征变量的差异后，实证结果依然支持了本书的假设6－1，表明本书的结论是稳健的。

表6－9　　　　匹配样本的回归结果（银行借款）

	(1) (logit) govsupdum	(2) (tobit) govsup	(3) (logit) govsupdum	(4) (tobit) govsup
debtdum	1.505* (1.78)	0.121* (1.88)		
debt			14.064** (1.99)	1.088** (2.49)
pc	−0.000 (−0.00)	−0.763*** (−5.38)	−0.000 (−0.00)	−0.803*** (−4.84)
employsale	−22.686 (−0.66)	−2.238 (−0.97)	−28.232 (−0.83)	−2.537 (−1.16)
cfo	−3.917 (−0.52)	0.162 (0.47)	−5.437 (−0.87)	0.015 (0.05)
top1	−0.001 (−0.03)	0.001 (0.78)	0.002 (0.05)	0.002 (0.91)
lev	−1.970 (−0.50)	−0.164 (−0.76)	−4.139 (−1.13)	−0.308 (−1.38)
size	−0.097 (−0.16)	0.022 (0.70)	−0.313 (−0.55)	−0.005 (−0.15)
growth	−0.729 (−0.60)	−0.038 (−0.77)	−0.749 (−0.62)	−0.040 (−0.84)

续表

	(1) (logit) govsupdum	(2) (tobit) govsup	(3) (logit) govsupdum	(4) (tobit) govsup
roa	-20.964 (-1.28)	-1.754** (-2.13)	-13.433 (-0.95)	-1.181 (-1.53)
constant	1.985 (0.16)	-1.884** (-2.38)	7.526 (0.62)	-1.043 (-1.51)
industry	控制	控制	控制	控制
province	控制	控制	控制	控制
year	控制	控制	控制	控制
N	118	284	118	284
Pseudo R^2	0.226	0.676	0.240	0.698

注：第（1）、第（3）列的括号内为经异方差调整后的 z 值，第（2）、第（4）列的括号内为经异方差调整后的 t 值；*、**、*** 分别表示在 10%、5% 和 1% 统计水平上显著。

（2）工具变量法

为了缓解由于遗漏变量和反向因果关系带来的内生性问题对本书研究结论的影响，本书使用同地区的银行借款的均值作为工具变量，采用工具变量法对上文研究结论进行再检验。表 6-10 的第（1）列的结果显示，民营企业是否有银行借款（*debtdum*）的回归系数在 1% 统计水平上显著为正（系数 =1.652，z 值 =2.67），表明在出现股权质押风险的民营企业中，相比于没有银行借款的民营企业，有银行借款的民营企业获取地方政府纾困的概率更大。表 6-10 的第（2）列的结果显示，民营企业银行借款（*debt*）的回归系数在 5% 统计水平上显著为正（系数 =2.704，z 值 =2.50），表明在出现股权质押风险的民营企业中，民营企业银行借款（*debt*）越大，其获取地方政府纾困的概率越大。因此，本书在利用了工具变量法处理模型中可能存在的内生性问题后，实证结果与上文的回归结果保持一致，表明本书的研究结论是稳健的。

表 6-10　　　　　工具变量法（银行借款）

	(1) (iv probit) govsupdum	(2) (iv probit) govsupdum
debtdum	1.652*** (2.67)	
debt		2.704** (2.50)
pc	-0.058 (-0.53)	0.032 (0.29)
employsale	3.641 (0.69)	3.639 (0.70)
cfo	-1.222* (-1.78)	-1.312* (-1.91)
*top*1	-0.006 (-1.53)	-0.010*** (-2.58)
lev	-0.936** (-2.54)	-1.202** (-2.29)
size	0.168** (2.18)	0.254*** (4.71)
growth	0.092 (0.99)	0.149 (1.64)
roa	0.936 (0.56)	2.128 (1.29)
constant	-6.543*** (-4.25)	-7.019*** (-4.95)
industry	控制	控制
province	控制	控制
year	控制	控制
N	1279	1279
Wald Chi2	266.188	240.451

注：括号内为经异方差调整后的 z 值；*、**、*** 分别表示在 10%、5% 和 1% 统计水平上显著。

（3）更换解释变量的衡量方法

在前文的回归中，解释变量银行借款（*debt*）用的是民营企业短期借款与长期借款之和除以公司总资产来衡量。为了保持结果的稳健性，本书使用对银行借款（短期借款与长期借款之和）取自然对数的方法来衡量银行借款的大小（*lndebt*）。表6-11的第（1）列的结果显示，民营企业银行借款（*lndebt*）的回归系数在1%统计水平上显著为正（系数=0.052，z值=3.09），表明在出现股权质押风险的民营企业中，民营企业银行借款越大，其获取地方政府纾困的概率越大。表6-11的第（2）列的结果显示，民营企业银行借款（*lndebt*）的回归系数在1%统计水平上显著为正（系数=0.004，t值=3.57），表明在出现股权质押风险的民营企业中，民营企业银行借款越大，其获取地方政府纾困的力度越大。上述实证结果表明，在更换解释变量（银行借款）的衡量方法后，本书的研究结论依然成立。

表6-11　　更换解释变量的衡量方法（银行借款）

	(1) (logit) govsupdum	(2) (tobit) govsup
lndebt	0.052*** (3.09)	0.004*** (3.57)
pc	0.010 (0.05)	0.011 (0.91)
employsale	6.237 (0.66)	0.178 (0.29)
cfo	-2.587** (-2.14)	-0.136* (-1.88)
*top*1	-0.017** (-2.35)	-0.001* (-1.85)

续表

	(1) (logit) govsupdum	(2) (tobit) govsup
lev	-0.925 * (-1.70)	-0.088 *** (-2.66)
size	0.377 *** (3.71)	0.021 *** (3.57)
growth	0.209 (1.24)	0.014 (1.62)
roa	2.917 (1.02)	0.111 (0.66)
constant	-11.486 *** (-4.40)	-1.160 *** (-7.42)
industry	控制	控制
province	控制	控制
year	控制	控制
N	1279	1429
Pseudo R^2	0.203	0.594

注：第（1）列的括号内为经异方差调整后的 z 值，第（2）列的括号内为经异方差调整后的 t 值；*、**、*** 分别表示在 10%、5% 和 1% 统计水平上显著。

（4）更换被解释变量的衡量方法

在前文的回归中，被解释变量地方政府纾困力度（*govsup*）用的是交易金额除以公司总市值来衡量。为了保持结果稳健，本书使用对交易金额取自然对数的方法来衡量地方政府纾困力度（*lngovsup*）。表 6-12 的第（1）列的结果显示，民营企业是否有银行借款（*debtdum*）的回归系数在 1% 统计水平上显著为正（系数 = 12.642，t 值 = 3.46），表明在出现股权质押风险的民营企业中，相比于没有银行借款的民营企业，有银行借款的民营企业获取地方政府纾困的力度更大。表 6-12 的第（2）列的结果显示，民营企业银行借款（*debt*）的回归系数在 5% 统计水平上显著为正（系数 = 28.125，t 值 =

2.21），表明在出现股权质押风险的民营企业中，民营企业银行借款（*debt*）越大，其获取地方政府纾困的力度越大。上述实证结果表明，在更换被解释变量（地方政府纾困力度）的衡量方法后，本书的研究结论依然成立。

表 6－12　　更换被解释变量的衡量方法（银行借款）

	(1) (tobit) lngovsup	(2) (tobit) lngovsup
debtdum	12.642*** (3.46)	
debt		28.125** (2.21)
pc	0.115 (0.05)	0.952 (0.41)
employsale	84.663 (0.73)	78.726 (0.69)
cfo	－32.004** (－2.21)	－29.490** (－2.02)
*top*1	－0.198** (－2.32)	－0.228*** (－2.66)
lev	－10.320 (－1.61)	－14.779* (－1.88)
size	5.550*** (4.93)	5.995*** (5.40)
growth	2.325 (1.23)	2.979 (1.63)
roa	32.278 (0.90)	42.338 (1.18)
constant	－274.861*** (－9.63)	－277.346*** (－8.95)
industry	控制	控制

续表

	(1) (tobit) lngovsup	(2) (tobit) lngovsup
province	控制	控制
year	控制	控制
N	1429	1429
Pseudo R^2	0.100	0.098

注：括号内为经异方差调整后的 t 值；*、**、*** 分别表示在 10%、5% 和 1% 统计水平上显著。

（5）更换回归模型

为了进一步保证本书的研究结论的稳健性和可靠性，本书将更换回归模型以检验本书的假设是否成立。前文对民营企业银行借款与地方政府纾困力度的关系的检验用的是 tobit 模型，为了进一步检验两者的关系，本书改用 OLS 模型进行再检验。表 6－13 的第（1）列的结果显示，民营企业是否有银行借款（*debtdum*）的回归系数在 1% 统计水平上显著为正（系数＝0.007，t 值＝2.90），表明在出现股权质押风险的民营企业中，相比于没有银行借款的民营企业，有银行借款的民营企业获取地方政府纾困的力度更大。表 6－13 的第（2）列的结果显示，民营企业银行借款（*debt*）的回归系数在 10% 统计水平上显著为正（系数＝0.021，t 值＝1.70），表明在出现股权质押风险的民营企业中，民营企业银行借款（*debt*）越大，其获取地方政府纾困的力度越大。上述结果表明，在更换回归模型后，本书的研究结论依然成立，表明本书的结论是稳健的。

表 6－13　　　　更换回归模型（银行借款）

	(1) (ols) govsup	(2) (ols) govsup
debtdum	0.007 *** (2.90)	

续表

	(1) (ols) govsup	(2) (ols) govsup
debt		0.021* (1.70)
pc	0.004 (1.61)	0.005* (1.88)
employsale	0.005 (0.05)	0.007 (0.06)
cfo	-0.014 (-0.93)	-0.013 (-0.86)
*top*1	-0.000 (-0.56)	-0.000 (-0.72)
lev	-0.014** (-2.33)	-0.018** (-2.28)
size	0.003*** (3.09)	0.004*** (3.03)
growth	0.003 (1.55)	0.003 (1.64)
roa	-0.001 (-0.02)	0.003 (0.09)
constant	-0.086*** (-2.95)	-0.089** (-2.23)
industry	控制	控制
province	控制	控制
year	控制	控制
N	1429	1429
Adj. R^2	0.050	0.049

注：括号内为经异方差调整后的 t 值；*、**、*** 分别表示在 10%、5% 和 1% 统计水平上显著。

6.5 本章小结

本书以2017年至2019年期间出现股权质押风险的民营上市公司为研究样本，从理论上分析了有银行借款的民营企业以及银行借款更多的民营企业是否更能获取地方政府的纾困，并进行了实证检验。结果表明，在出现股权质押风险的民营企业中，有银行借款的民营企业获取地方政府纾困的概率和力度更大，并且银行借款越多，获取地方政府纾困的概率和力度越大。本书还考察了长期借款对民营企业获取地方政府纾困的影响，结果表明，在出现股权质押风险的民营企业中，长期借款占比更高的民营企业获取地方政府纾困的概率和力度更大。本书进一步考察了市场化程度对民营企业银行借款与地方政府纾困之间关系的调节效应，结果表明，在市场化程度较高的地区，民营企业与银行的信贷关系对民营企业获取地方政府纾困的促进作用更不明显。本书利用倾向得分匹配法（PSM）、工具变量法、更换解释变量的衡量方法、更换被解释变量的衡量方法以及更换回归模型进一步对上述结果进行检验后，本书的研究结论依然成立。上述研究结论表明，与银行存在信贷关系有助于民营企业获取地方政府纾困。

第7章　股权质押关系对地方政府纾解民企股权质押风险影响的实证研究

本书第5章和第6章分别从国有资本参股、信贷关系的视角分析和检验了地方政府纾解民营企业股权质押风险的影响因素，研究结果表明，在出现股权质押风险的民营企业中，国有资本参股的民营企业更能获得地方政府的纾困，与银行有信贷关系的民营企业也更能获得地方政府的纾困。本章将从经济关联的另一个方面，即股权质押关系方面，分析和检验与国有企业有股权质押关系的民营企业是否更能获得地方政府的纾困。

7.1　问题的提出

根据《中华人民共和国担保法》的规定，大股东可以其持有公司的股份向证券公司、银行、信托等金融类公司、非金融类公司、自然人进行质押以获得相应的资金。因此，当民营企业大股东以其所持有的部分或全部股份质押给券商、银行等质权人时，民营企业便与股权质押的质权人建立了一种经济关系。根据质权人的所有制性质，质权人可以分为政府控股的质权人（即国有质权人）与非政府控股的质权人（即非国有质权人）。当民营企业出现股权质押风险后，股权质押风险会给企业带来一系列的负面后果。若质权人是国有企业时，民营企业出现股权质押风险将影响国有质权人的收益，造成国有资本的保值、增值压力，而国有企业的实际控制人是地方政府，国有质权人收益的影响将给作为国有企业实际控制人的地方政府带来直接的经济利益影响，那么当民营企业出现股权质押风险后，地方政府是否会更倾向于纾困与国有企业存在股权质押关系的民营企业呢？

基于理论和实践的需要，本书以 2017 年至 2019 年间出现股权质押风险的民营上市公司为研究样本，基于政府干预理论、利益相关者理论以及股权质押的相关理论，从理论上分析了当民营企业出现股权质押风险后，地方政府会不会更倾向于纾困与国有企业有股权质押关系的民营企业的问题，并以民营上市公司股权质押的数据对此进行了实证检验，力图提供地方政府纾解民营企业股权质押风险的理论架构和经验证据，为民营企业经济关联、政府“扶持之手”理论和股权质押风险的缓解方面提供增量的文献贡献。

7.2 理论分析与假设提出

延续第 5 章和第 6 章的分析逻辑，由于民营企业对地方 GDP 增长、财政收入、就业、创新等指标的重要贡献以及股权质押风险带来的一系列负面经济后果，地方政府有动机和能力纾困出现股权质押风险的民营企业，以实现其经济发展、社会稳定的目标以及政治晋升目标。

但是，地方政府的财力是有限的，地方政府不可能对所有出现股权质押风险的民营企业予以纾困。那么，地方政府会更愿意纾困哪些民营企业呢？除了第 5 章和第 6 章分别研究的国有资本参股、信贷关系之外，是否还存在其他的经济关联因素呢？本书认为，股权质押关系是影响地方政府纾困决策的另一个经济关联因素。具体分析如下：

从质权人角度来看，不论是国有质权人还是非国有质权人，都不希望看到股权质押风险导致的质押借款违约，因此，质权人渴望作为债务人的民营企业能被地方政府纾困。首先，由于当股价下跌触及平仓线时，质权人可通过要求出质人追加保证金或者处置质押物等手段来保障质押借款本金不受损失。但如果质押的股票无法被卖出，如存在质押股票连续跌停或公司停牌的极端情况时，这可能使质押股票的市值低于质押借款本金，给质权人造成损失。其次，股权质押风险会加大质权人收益的不确定性。由于民营企业股权质押可能产生强烈的经营风险和代理成本（翟胜宝等，2018），可能严重影响质权人收益的稳定性和可获得性。即使质权人有权利就变卖股票不足以清偿质押借款的部分向出质人进行追索，然而，变卖质押的股票会产生处置成本，也无法避免作为借款人的民营企业控股股东的其他财产仍不足以清偿该债务的风险，加大质权人收益的不确定性（谢德仁等，2019）。最后，质权人若因民营企业股权质押爆仓而变卖质押的股票使民营企业的股价崩盘以及控制权发生转移，这起重大事件可能会引起监管机构、媒体等的广泛关注，此时质权人可能会面临着被实施包括监管检查在内的监管强化措施甚至可能存在被暂停办理股权质押业务资格的风险（谢德仁等，2019）。因此，股权质押风险加大了质权人渴望民营企业被地方政府纾困的意愿。

然而，不同性质的质权人影响地方政府纾困决策的能力是不同的。由于国有企业的实际控制人是地方政府，国有企业与地方政府有着特殊的隶属关系，两者之间存在着一致利益（王红建等，2015），因此，国有质权人比非国有质权人更有能力影响地方政府的纾困选择。因此，当民营企业出现股权质押风险后，地方政府会更倾向于纾困与国有企业有股权质押关系的民营企业。

从国有质权人的角度来看，股权质押风险影响质权人的收益，造成国有资本的保值、增值压力，有利于增大地方政府纾困民营企业的概率和力度，进而使地方政府更倾向于纾困与国有企业有股权质押关系的民营企业。前文已经提及，股权质押会加剧控股股东对上市公司资金的占用程度，强化控股股东对上市公司的侵占效应，进而降低公司投资效率（柯艳蓉和李玉敏，2019），损害公司业绩和价值（郝项超和梁琪，2009；郑国坚等，2014）。股权质押还可能促使控股股东隐藏“坏消息”以掩盖其侵占中小股东利益和损害公司价值的行为，进而增加了公司信息披露违规的概率（张晨宇和武剑锋，2019），降低了公司风险承担水平（何威风等，2018；Dou et al.，2019），增加了公司的股价崩盘风险（夏常源和贾凡胜，2019），提高公司控制权转移风险。当民营企业出现股权质押风险后，可能导致企业的融资约束加剧（唐玮等，2019），恶化企业的流动性资金困境，进而影响企业的经营活动（欧阳才越等，2018），造成企业业绩下滑（夏一丹等，2019），增加了企业发生破产的风险。上述危害可能影响质押人对质押借款利息的偿还，甚至发生违约行为，从而损害质权人的利益。从质权人国有性质来看，国有资本有着强烈的国有资本流失压力（杨小勇，2007）和保值、增值压力（周绍妮等，2020），因此，国有质权人有强烈动机去影响地方政府纾困出现股权质押风险的民营企业，进而使地方政府更倾向于纾困与国有企业有股权质押关系的民营企业。

另外，当民营企业出现股权质押风险后，可能导致企业的控股股东发生变更。这种被动的变更可能有两种结果：一是二级市场上的股票最大买家成为控股股东，从而打破原有的国有质权人与质押人之间的股权质押合作关系，使国有质权人可能在未来失去这个原本较为稳定的股权质押业务，加大了国有质权人未来的股权质押业务收入的不确定性，增加了国有质权人重新选择股权质押业务合作伙伴的成本。二是如果质押的股票不能顺利变现，质权人只有自己接盘成为民营上市公司新控股股东，不仅可能导致质押股票的市值低于质押借款本金，从而给质权人造成损失，还不得不被动接手这个经营不善的公司，增加了质权人的经营风险和处置风险。因此，在民营企业出现股权质押风险之后，国有质权人会借助其与地方政府之间特殊的关系，促使地方政府更倾向于纾困与国有企业有股权质押关系的民营企业。

通过上述分析可以发现，当民营企业出现股权质押风险后，加大了作为国有性质的质权人的国有资产的保值、增值压力，提高了国有资产流失风险，还可能打破原来稳定的股权质押业务合作关系，甚至可能迫使国有质权人被动接手经营不善的上市公司，这将使国有质权人有动机和意愿影响地方政府的纾困决策，从而促使地方政府更倾向于纾困与国有企业有股权质押关系的民营企业。基于上述分析，本书提出如下假设：

假设 7－1：在出现股权质押风险的民营企业中，与国有企业有股权质押关系的民营企业获取地方政府纾困的概率和力度更大，并且与国有企业股权质押关系的金额越大，获取地方政府纾困的概率和力度越大。

樊纲等（2011）认为，国家的政策差异、地理位置和资源禀赋是导致各地区市场化程度出现差异的重要原因。那么，在不同的市场化程度下，与国有企业的股权质押关系对民营企业获取地方政府纾困的作用是否会有不同呢？本书认为，市场化程度会弱化股权质押关系对民营企业获取地方政府纾困的促进作用，具体体现在以下两个方面：

第一，市场化程度较高的地区，政府更可能尊重市场化原则，政府对国有资本的偏袒程度更弱，政府的服务意识更强。而在市场化程度较低的地区，政府尊重市场规律的意愿更弱，更可能会偏袒国有资本，民营企业的产权更难以得到有效保护，政府的服务意识较弱。因此，市场化程度较高的地区，地方政府越能遵循市场化原则对出现股权质押风险的民营企业予以纾困，从而降低质权人的国有性质对地方政府纾困决策的影响，进而弱化国有企业作为质权人与民营企业获取地方政府纾困之间的关系。

第二，在市场化程度较高的地区，法律制度更加完善，民营企业产权能得到更有效的保护，资源配置的透明度更高，地方政府在扶持民营企业时可能更不看重民营企业的经济关联。因此，在市场化程度较高的地区，当民营企业出现股权质押风险后，民营企业股权质押业务的国有质权人性质对民营企业获取地方政府纾困的促进效应会减弱。

综上所述，市场化程度较高的地区，政府更可能尊重市场化原则，政府对国有资本的偏袒程度较弱，政府的服务意识较强，法律制度更加完善，民营企业产权能得到更有效的保护，资源配置的透明度更高，进而会削弱经济关联带来的政府扶持效应。因此，较高的市场化程度能够弱化股权质押关系对民营企业获取地方政府纾困的促进作用。根据上述分析，本书提出如下假设：

假设 7－2：在市场化程度较高的地区，与国有企业有股权质押关系对民营企业获取地方政府纾困的促进作用更不明显。

7.3 研究设计

7.3.1 样本选取和数据来源

本书以 2017—2019 年出现股权质押风险的民营上市公司为研究对象。股权质押风险数据来自于同花顺数据库（Ifind）中的“股权质押风险模型”数据。若民营上市公司股票收盘价在研究样本期间内曾经低于预警线，则视为股权质押出现了风险。若股票收盘价多次低于预警线，仅保留时间最早的一次。被纾困的民营上市公司名单主要来自东方财富网 Choice 数据库，本书还通过手动搜集巨潮资讯网、百度、新浪财经等网站信息对纾困样本进行了补充和完善。股权质押关系的数据来自同花顺数据库中的“股权质押风险模型”数据，并经过手工整理而成[①]。民营上市公司政治关联数据来自于国泰安

① 在同花顺数据库（“股权质押风险模型”数据库）中手工搜集未解押股票对应的质权人，本书把质权人的实际控制人作为判断其股权性质的标准，运用企业信用查询工具企查查和天眼查等网站，对质权人的实际控制人手动进行查找，以判断质权人为国有性质还是非国有性质。

（CSMAR）数据库中的“董监高个人特征数据”，并通过手工整理个人简历而成。本书其他财务数据和公司治理数据均来自于国泰安（CSMAR）数据库。本书按以下标准筛选研究样本：剔除金融类上市公司；剔除数据缺失、数据异常的样本。最终得到 1429 个观测值。本书还对模型中所有连续变量进行了上下 1% 的 winsorize（缩尾）处理。数据处理和分析采用的是 Stata15.0。

7.3.2　模型构建和变量定义

（1）模型构建

为检验假设 7－1，本书构建了模型（7－1）—模型（7－8）：

$$logit(govsupdum) = \beta_0 + \beta_1 zhiyadum + \sum controls + \sum industry + \sum province + \sum year + \varepsilon \quad (7-1)$$

$$tobit(govsup) = \beta_0 + \beta_1 zhiyadum + \sum controls + \sum industry + \sum province + \sum year + \varepsilon \quad (7-2)$$

$$logit(govsupdum) = \beta_0 + \beta_1 zhiya + \sum controls + \sum industry + \sum province + \sum year + \varepsilon \quad (7-3)$$

$$tobit(govsup) = \beta_0 + \beta_1 zhiya + \sum controls + \sum industry + \sum province + \sum year + \varepsilon \quad (7-4)$$

为检验假设 7－2，本书构建了如下模型：

$$logit(govsupdum) = \beta_0 + \beta_1 zhiyadum + \beta_2 indexdum + \beta_3 zhiyadum \times indexdum + \sum controls + \sum industry + \sum province + \sum year + \varepsilon \quad (7-5)$$

$$tobit(govsup) = \beta_0 + \beta_1 zhiyadum + \beta_2 indexdum + \beta_3 zhiyadum \times indexdum + \sum controls + \sum industry + \sum province + \sum year + \varepsilon \quad (7-6)$$

$$logit(govsupdum) = \beta_0 + \beta_1 zhiya + \beta_2 indexdum + \beta_3 zhiya \times indexdum + \sum controls + \sum industry + \sum province + \sum year + \varepsilon \quad (7-7)$$

$$tobit(govsup) = \beta_0 + \beta_1 zhiya + \beta_2 indexdum + \beta_3 zhiya \times indexdum + \sum controls + \sum industry + \sum province + \sum year + \varepsilon \quad (7-8)$$

由于被解释变量 *govsupdum* 为虚拟变量（0 或 1），因此本书用 logit 模型对模型中的系数进行估计。另外，考虑到被解释变量 *govsup* 是以 0 为下限，0.268 为上限的截尾变量，为获得稳健且一致估计量，本书用 tobit 模型展开系数估计。

（2）变量定义

①被解释变量（*govsupdum*，*govsup*）。地方政府纾困为本书模型的被解释变量。本书所称的地方政府纾困，是指由地方政府通过其牵头成立的国资背景的纾困基金对出现股权质押风险的民营企业采取的资金扶持措施，目的是纾解民营企业的股权质押风险和流动性压力，纾困方式包括债权型纾困和股权型纾困两大类型，其中债权型纾困包括质押融资、转质押和借款等三种具体类型，股权型纾困包括协议转让股份、大宗交易转让股份、参与上市公司定向增发和对上市公司的子公司、孙公司增资扩股等几种具体类型。相关详情可参见本书第 3 章 3.3 中内容。若民营企业被地方政府纾困，则地方政府纾困虚拟变量 *govsupdum* 取 1，否则取 0。*govsup* 表示民营企业被地方政府纾困的力度，等于交易金额/公司总市值。

②解释变量。

第一，股权质押关系（*zhiyadum*，*zhiya*）。根据《中华人民共和国担保法》，大股东可以其持有公司的股份向证券公司、银行、信托等金融类公司、非金融类公司、自然人进行质押以获得相应的资金。根据上述质权人的实际控制人性质，我们把质权人分为国有性质的质权人（国有企业）与非国有性质的质权人（非国有企业）。若民营企业与国有企业有股权质押关系，则 *zhiyadum* 为 1，否则为 0；*zhiya* 表示民营企业与国有企业股权质押关系的金额，等于民营企业与国有企业股权质押关系的金额加 1 再取自然对数，即 ln（民营企业与国有企业股权质押关系的金额 +1）。

第二，市场化程度（*indexdum*）。本书采用王小鲁等（2017）发布的《中国分省份市场化指数报告（2016）》中的市场化指数来度量各地区的市场化程度。由于该数据只更新到 2016 年，2017—2019 年数据根据以前年度该指数的增长趋势推算得到。本书将市场化程度按中位数分为市场化程度较高组和市场化程度较低组。当市场化程度较高时 *indexdum* =1，市场化程度较低时 *indexdum* =0。

③控制变量（*controls*）。根据以往的研究（潘越等，2009；郭剑花和杜兴强，2011；王红建等，2015），本书控制了以下变量：政治关联（*pc*）、公司雇员规模（*employsale*）、经营活动现金净流量（*cfo*）、第一大股东持股比例（*top*1）、资产负债率（*lev*）、公司规模（*size*）、公司成长性（*growth*）、盈利能力（*roa*）。此外，本书还控制了行业虚拟变量（*industry*）、地区虚拟变量（*province*）、年度虚拟变量（*year*）（见表 7 - 1）。

表 7 - 1　　变量定义表

变量类型	变量含义	变量符号	变量定义
被解释变量	地方政府纾困	*govsupdum*	*govsupdum* 表示民营企业是否被地方政府纾困的虚拟变量，若民营企业被地方政府纾困，则 *govsupdum* 取 1，否则取 0
		govsup	*govsup* 表示民营企业被地方政府纾困的力度，等于交易金额除以公司总市值
解释变量	股权质押关系	*zhiyadum*	若民营企业与国有企业有股权质押关系，则 *zhiyadum* 为 1，否则为 0
		zhiya	*zhiya* 表示民营企业与国有企业股权质押关系的金额，即 *zhiya* = ln（民营企业与国有企业股权质押关系的金额 +1）

续表

变量类型	变量含义	变量符号	变量定义
解释变量	市场化程度	*indexdum*	根据王小鲁等（2017）发布的《中国分省份市场化指数报告（2016）》中的市场化指数，本书将市场化程度按中位数分为市场化程度较高组和市场化程度较低组。当市场化程度较高时 *indexdum* = 1，市场化程度较低时 *indexdum* = 0
控制变量	政治关联	*pc*	若民营企业的董事长或总经理曾经或者现在担任政府官员、人民代表大会代表或政协委员，则 *pc* 为 1，否则为 0
	公司雇员规模	*employsale*	公司每万元营业收入的雇员人数，即员工人数除以营业收入（万元）
	经营活动现金净流量	*cfo*	公司经营活动现金净流量除以公司总资产
	第一大股东持股比例	*top*1	公司第一大股东持股比例
	资产负债率	*lev*	公司总负债除以总资产
	公司规模	*size*	公司总资产的自然对数
	公司成长性	*growth*	公司营业收入增长率
	盈利能力	*roa*	公司总资产收益率
	行业虚拟变量	*industry*	控制行业差异的影响
	地区虚拟变量	*province*	控制地区差异的影响
	年度虚拟变量	*year*	控制年度差异的影响

7.4 实证结果分析

7.4.1 描述性统计

表 7 - 2 报告了主要变量的描述性统计结果。如表 7 - 2 所示，

govsupdum 的均值为0.178，表明在出现股权质押风险的民营企业中，被地方政府纾困的民营企业占比约为17.8%。*govsup* 的均值为0.011，中位数为0.000，标准差为0.038，最小值为0.000，最大值为0.268。*zhiyadum* 的均值为0.894，表明民营企业与国有企业之间的股权质押关系占比为89.4%，民营企业与国有企业之间的股权质押关系较为普遍。民营企业与国有企业股权质押的力度（*zhiya*）的均值为18.144，中位数为20.110。民营企业第一大股东持股比例（*top*1）的均值为29.647%，表明民营企业股权结构较为集中。经营活动现金净流量（*cfo*）的均值为0.018，中位数为0.024，最小值为-0.245，最大值为0.212。民营企业雇员规模（*employsale*）的均值为0.014，标准差为0.010，最小值为0.001，最大值为0.049。政治关联（*pc*）的均值为0.206，表明大约有20.6%的民营企业具有政治关联。民营企业资产负债率（*lev*）的均值为0.407。总资产收益率（*roa*）的均值为0.021。

表7-2　描述性统计

variable	N	mean	sd	min	p50	max
govsupdum	1429	0.178	0.382	0.000	0.000	1.000
govsup	1429	0.011	0.038	0.000	0.000	0.268
zhiyadum	1429	0.894	0.308	0.000	1.000	1.000
zhiya	1429	18.144	6.352	0.000	20.110	23.194
indexdum	1429	0.554	0.497	0.000	1.000	1.000
pc	1429	0.206	0.405	0.000	0.000	1.000
employsale	1429	0.014	0.010	0.001	0.012	0.049
cfo	1429	0.018	0.074	-0.245	0.024	0.212
*top*1	1429	29.647	12.304	8.120	28.000	65.520
lev	1429	0.407	0.196	0.054	0.401	0.905
size	1429	21.980	1.041	19.813	21.935	24.602
growth	1429	0.254	0.527	-0.721	0.141	2.556
roa	1429	0.021	0.031	-0.096	0.019	0.117

表 7－3 报告了根据民营企业是否与国有企业有股权质押关系（*zhiyadum*）分组后，地方政府纾困的概率（*govsupdum*）和力度（*govsup*）的差异情况。如表 7－3 所示，与国有企业有股权质押关系的民营企业被地方政府纾困的概率（*govsupdum*）和力度（*govsup*）的均值在 1% 统计水平上显著大于与国有企业没有股权质押关系的民营企业。此外，与国有企业有股权质押关系的民营企业被地方政府纾困的概率（*govsupdum*）和力度（*govsup*）的中位数也都在 1% 统计水平上显著大于与国有企业没有股权质押关系的民营企业。上述结果表明，在出现股权质押风险的民营企业中，相对于与国有企业没有股权质押关系的民营企业，与国有企业有股权质押关系的民营企业获取地方政府纾困的概率和力度更大，支持了本书的假设 7－1。

表 7－3　差异检验

Variables	zhiyadum = 0			zhiyadum = 1			(zhiyadum = 1) － (zhiyadum = 0)	
	N	Mean	Median	N	Mean	Median	均值差异	中位数差异
govsupdum	151	0.053	0.000	1278	0.192	0.000	0.140***	0.000***
govsup	151	0.003	0.000	1278	0.012	0.000	0.009***	0.000***

注：均值差异为 t 检验，中位数差异为 Wilcoxon 秩和检验。***、**、* 分别表示在 1%、5%、10% 统计水平上显著。

7.4.2 相关性分析

表 7－4 列示了模型中主要变量之间的相关系数。如表 7－4 所示，民营企业与国有企业有股权质押关系（*zhiyadum*）与地方政府纾困的概率（*govsupdum*）和力度（*govsup*）之间的相关系数分别为 0.112 和 0.071，与国有企业股权质押关系的金额（*zhiya*）与地方政府纾困的概率（*govsupdum*）和力度（*govsup*）之间的相关系数分别为 0.123 和 0.080，均在 1% 统计水平上显著为正。上述结果初步支持了本书的假设 7－1。

表 7-4　**pearson 相关系数**

	govsupdum	govsup	zhiyadum	zhiya	pc	employsale	cfo	top1	lev	size	growth	roa
govsupdum	1											
govsup	0.638 ***	1										
zhiyadum	0.112 ***	0.071 ***	1									
zhiya	0.123 ***	0.080 ***	0.982 ***	1								
pc	-0.002	0.039	-0.033	-0.034	1							
employsale	-0.003	-0.017	-0.041	-0.077 ***	-0.004	1						
cfo	-0.088 ***	-0.041	-0.050 *	-0.059 **	0.010	0.107 ***	1					
top1	-0.083 ***	-0.036	0.011	0.042	0.010	0.008	0.078 ***	1				
lev	0.037	0.002	0.103 ***	0.134 ***	0.053 **	-0.199 ***	-0.306 ***	0.020	1			
size	0.089 ***	0.071 ***	0.167 ***	0.252 ***	0.018	-0.347 ***	-0.080 ***	0.009	0.474 ***	1		
growth	0.039	0.041	0.019	0.013	0.050 *	-0.056 **	-0.066 **	-0.004	0.022	-0.052 **	1	
roa	-0.007	-0.007	-0.062 **	-0.060 **	-0.080 ***	-0.125 ***	0.341 ***	0.139 ***	-0.294 ***	0.003	-0.031	1

注：***、**、* 分别表示在 1%、5%、10% 统计水平上显著。

7.4.3 多元回归分析

（1）民营企业股权质押关系与地方政府纾困

表7－5列示了在出现股权质押风险的民营企业中，股权质押关系对民营企业获取地方政府纾困的影响的多元回归分析结果。表7－5的第（1）、第（2）列报告了民营企业与国有企业是否有股权质押关系（*zhiyadum*）对民营企业获取地方政府纾困的概率（*govsupdum*）和力度（*govsup*）的影响。第（1）列的结果显示，民营企业与国有企业是否有股权质押关系（*zhiyadum*）的回归系数在1%统计水平上显著为正（系数＝1.490，z值＝3.42），表明在出现股权质押风险的民营企业中，相比于与国有企业没有股权质押关系的民营企业，与国有企业有股权质押关系的民营企业获取地方政府纾困的概率更大。第（2）列的结果显示，民营企业与国有企业是否有股权质押关系（*zhiyadum*）的回归系数在1%统计水平上显著为正（系数＝0.077，t值＝3.41），表明在出现股权质押风险的民营企业中，相比于与国有企业没有股权质押关系的民营企业，与国有企业有股权质押关系的民营企业获取地方政府纾困的力度更大。第（1）、第（2）列的结果表明，在出现股权质押风险的民营企业中，相比于与国有企业没有股权质押关系的民营企业，与国有企业有股权质押关系的民营企业获取地方政府纾困的概率和力度更大。表7－5的第（3）、第（4）列报告了民营企业与国有企业股权质押关系的金额（*zhiya*）对民营企业获取地方政府纾困的概率和力度的影响。第（3）列的结果显示，民营企业与国有企业股权质押关系的金额（*zhiya*）的回归系数在1%统计水平上显著为正（系数＝0.080，z值＝3.56），表明在出现股权质押风险的民营企业中，民营企业与国有企业股权质押关系的金额（*zhiya*）越大，其获取地方政府纾困的概率越大。第（4）列的结果显示，民营企业与

国有企业股权质押关系的金额（*zhiya*）的回归系数在 1% 统计水平上显著为正（系数 =0.004，t 值 =3.54），表明在出现股权质押风险的民营企业中，民营企业与国有企业股权质押关系的金额（*zhiya*）越大，其获取地方政府纾困的力度越大。第（3）、第（4）列的结果表明，在出现股权质押风险的民营企业中，民营企业与国有企业股权质押关系的金额（*zhiya*）越大，其获取地方政府纾困的概率和力度越大。综上所述，在出现股权质押风险的民营企业中，与国有企业有股权质押关系的民营企业获取地方政府纾困的概率和力度更大；并且，民营企业与国有企业股权质押关系的金额越大，其获取地方政府纾困的概率和力度越大，本书的假设 7 – 1 得到了支持。

在控制变量方面，表 7 – 5 的第（1）—第（4）列的结果显示，公司规模（*size*）的回归系数均在 1% 统计水平上显著为正，表明在出现股权质押风险的民营企业中，公司规模（*size*）越大，民营企业获取地方政府纾困的概率和力度越大。表 7 – 5 的第（1）—第（4）列的结果显示，公司的经营性现金净流量（*cfo*）的回归系数均在 5% 统计水平上显著为负，表明在出现股权质押风险的民营企业中，公司的经营性现金净流量（*cfo*）越少，民营企业获取地方政府纾困的概率和力度越大。表 7 – 5 的第（2）、第（4）列的结果显示，公司成长性（*growth*）的回归系数均在 10% 统计水平上显著为正，表明在出现股权质押风险的民营企业中，公司成长性（*growth*）越好，地方政府对其纾困的力度会越大。表 7 – 5 的第（1）—第（4）列的结果显示，公司的第一大股东持股比例（*top*1）的回归系数至少在 5% 统计水平上显著为负，表明在出现股权质押风险的民营企业中，第一大股东持股比例（*top*1）越大，民营企业获取地方政府纾困的概率和力度越小。

表 7-5　　民营企业股权质押关系与地方政府纾困

	(1) (logit) govsupdum	(2) (tobit) govsup	(3) (logit) govsupdum	(4) (tobit) govsup
zhiyadum	1.490*** (3.42)	0.077*** (3.41)		
zhiya			0.080*** (3.56)	0.004*** (3.54)
pc	0.090 (0.45)	0.014 (1.23)	0.099 (0.49)	0.015 (1.26)
employsale	6.670 (0.71)	0.193 (0.32)	7.168 (0.76)	0.199 (0.33)
cfo	-2.934** (-2.39)	-0.164** (-2.25)	-2.854** (-2.32)	-0.161** (-2.21)
*top*1	-0.021*** (-2.77)	-0.001** (-2.35)	-0.023*** (-3.00)	-0.001** (-2.56)
lev	-0.285 (-0.56)	-0.041 (-1.38)	-0.212 (-0.42)	-0.038 (-1.25)
size	0.432*** (4.53)	0.025*** (4.72)	0.373*** (3.87)	0.022*** (4.11)
growth	0.235 (1.38)	0.016* (1.79)	0.233 (1.36)	0.015* (1.77)
roa	4.688 (1.62)	0.207 (1.24)	4.737 (1.63)	0.207 (1.24)
constant	-13.339*** (-5.15)	-1.290*** (-16.16)	-12.229*** (-4.75)	-1.226*** (-8.41)
industry	控制	控制	控制	控制
province	控制	控制	控制	控制
year	控制	控制	控制	控制
N	1279	1429	1279	1429
Pseudo R^2	0.210	0.598	0.212	0.604

注：模型（1）、模型（3）括号内为经异方差调整后的 z 值，模型（2）、模型（4）括号内为经异方差调整后的 t 值；*、**、*** 分别表示在 10%、5% 和 1% 统计水平上显著。

（2）市场化程度、民营企业股权质押关系与地方政府纾困

表 7 - 6 列示了市场化程度对民营企业股权质押关系与地方政府纾困之间的关系的调节作用的回归结果。表 7 - 6 的第（1）列报告了市场化程度（*indexdum*）对民营企业与国有企业股权质押关系的金额（*zhiya*）与民营企业获取地方政府纾困的概率（*govsupdum*）之间的关系的调节作用的回归结果。第（1）列的结果显示，民营企业与国有企业股权质押关系的金额与市场化程度的交乘项（*zhiya* × *indexdum*）的回归系数在 10% 统计水平上显著为负（系数 = -0.139，z 值 = -1.69），表明在出现股权质押风险的民营企业中，相比于市场化程度较低的地区，在市场化程度较高的地区，民营企业与国有企业股权质押关系的金额对民营企业获取地方政府纾困的概率的促进作用更不明显。表 7 - 6 的第（2）列报告了市场化程度（*indexdum*）对民营企业与国有企业股权质押关系的金额（*zhiya*）与民营企业获取地方政府纾困的力度（*govsup*）之间的关系的调节作用的回归结果。第（2）列的结果显示，民营企业与国有企业股权质押关系的金额与市场化程度的交乘项（*zhiya* × *indexdum*）的回归系数在 5% 统计水平上显著为负（系数 = -0.006，t 值 = -2.14），表明在出现股权质押风险的民营企业中，相比于市场化程度较低的地区，在市场化程度较高的地区，民营企业与国有企业股权质押关系的金额对民营企业获取地方政府纾困的力度的促进作用更不明显。表 7 - 6 的第（1）、第（2）列的联合结果表明，在出现股权质押风险的民营企业中，相比于市场化程度较低的地区，在市场化程度较高的地区，与国有企业有股权质押关系对民营企业获取地方政府纾困的促进作用更不明显，本书的假设 7 - 2 得到了经验证据的支持。

表 7－6　市场化程度、民营企业股权质押关系与地方政府纾困

	(1) (logit) govsupdum	(2) (tobit) govsup
zhiya	0.192** (2.09)	0.008*** (2.76)
indexdum	3.731** (2.05)	0.156** (2.35)
zhiya × *indexdum*	－0.139* (－1.69)	－0.006** (－2.14)
pc	0.072 (0.36)	0.013 (1.15)
employsale	8.180 (0.86)	0.248 (0.41)
cfo	－2.901** (－2.34)	－0.164** (－2.24)
*top*1	－0.024*** (－3.09)	－0.001*** (－2.60)
lev	－0.206 (－0.40)	－0.038 (－1.25)
size	0.343*** (3.40)	0.021*** (3.81)
growth	0.236 (1.38)	0.016* (1.82)
roa	4.676 (1.56)	0.211 (1.24)
constant	－13.800*** (－4.91)	－1.269*** (－11.21)
industry	控制	控制
province	控制	控制
year	控制	控制
N	1279	1429
Pseudo R^2	0.218	0.618

注：第（1）列的括号内为经异方差调整后的 z 值，第（2）列的括号内为经异方差调整后的 t 值；*、**、*** 分别表示在 10%、5% 和 1% 统计水平上显著。

7.4.4 稳健性检验

（1）倾向得分匹配法（PSM）

虽然前文分析和检验了股权质押关系对民营企业获取地方政府纾困的影响，但可能存在由于遗漏变量导致的内生性问题。因此，本书采用倾向得分匹配法（PSM）对本书假设进行再检验。本书控制的特征变量包括：政治关联（*pc*）、公司雇员规模（*employsale*）、经营性现金净流量（*cfo*）、第一大股东持股比例（*top*1）、资产负债率（*lev*）、公司规模（*size*）、营业收入增长率（*growth*）、总资产收益率（*roa*）、公司上市年限（*age*）、独立董事比例（*indrate*）、董事会规模（*board*）、董事长和总经理是否两职合一（*presmn*）（见表 7 – 7）。

表 7 – 7　　匹配效果检验（股权质押关系）

		均值		标准化偏差	t 检验	
		处理组	对照组		t 值	p 值
pc	匹配前	0.201	0.245	–10.4	–1.24	0.216
	匹配后	0.209	0.243	–8.1	–0.69	0.489
employsale	匹配前	0.013	0.015	–13.7	–1.56	0.120
	匹配后	0.016	0.015	16.6	1.35	0.177
cfo	匹配前	0.017	0.029	–16.1	–1.91	0.057*
	匹配后	0.027	0.030	–3.8	–0.32	0.747
*top*1	匹配前	29.692	29.271	3.4	0.40	0.691
	匹配后	28.334	29.559	–10.0	–0.88	0.379
lev	匹配前	0.414	0.348	33.6	3.90	0.000***
	匹配后	0.317	0.346	–14.8	–1.33	0.185
size	匹配前	22.039	21.474	55.8	6.40	0.000***
	匹配后	21.322	21.464	–14.1	–1.32	0.189
growth	匹配前	0.257	0.225	6.2	0.72	0.469
	匹配后	0.177	0.231	–10.1	–1.04	0.301

续表

		均值		标准化偏差	t 检验	
		处理组	对照组		t 值	p 值
roa	匹配前	0.020	0.026	−19.8	−2.36	0.018**
	匹配后	0.027	0.026	3.2	0.27	0.790
age	匹配前	2.021	1.824	25.9	3.16	0.002***
	匹配后	1.744	1.821	−10.1	−0.83	0.410
indrate	匹配前	0.380	0.377	6.3	0.73	0.465
	匹配后	0.380	0.378	5.4	0.46	0.646
board	匹配前	2.066	2.071	−2.8	−0.33	0.742
	匹配后	2.077	2.069	4.5	0.39	0.698
presmn	匹配前	0.432	0.483	−10.3	−1.21	0.228
	匹配后	0.486	0.480	1.4	0.12	0.908

注：*、**、*** 分别表示在 10%、5% 和 1% 统计水平上显著。

本书采用最近邻匹配法（1∶1）为存在股权质押关系的样本寻找配对样本，并使用 PSM 对本书的基本假设进行再检验。表 7－7 列示了匹配后的处理组与对照组的各特征变量的差异结果，结果显示匹配后的处理组与对照组的各特征变量不存在显著差异。表 7－8 列示了匹配后的回归结果。如表 7－8 的第（1）、第（2）列所示，民营企业与国有企业是否有股权质押关系（*zhiyadum*）的回归系数分别在 5% 和 10% 统计水平上显著为正（系数＝1.644，z 值＝2.30；系数＝0.031，t 值＝1.92），表明在出现股权质押风险的民营企业中，相比于与国有企业没有股权质押关系的民营企业，与国有企业有股权质押关系的民营企业获取地方政府纾困的概率和力度更大。表 7－8 的第（3）、第（4）列的结果显示，民营企业与国有企业股权质押关系的金额（*zhiya*）的回归系数分别在 5% 和 10% 统计水平上显著为正（系数＝0.082，z 值＝2.22；系数＝0.002，t 值＝1.89），表明在出现股权质押风险的民营企业中，民营企业与国有企业股权质押关系的金额（*zhiya*）越大，其获取地方政府纾困的概率和力度越大。因此，本书在控制了主要特征变量的差异后，实证结果依然支持了本书的假设 7 - 1，表明本书的结论是稳健的。

表 7 - 8　　　　匹配样本的回归结果（股权质押关系）

	(1) (logit) govsupdum	(2) (tobit) govsup	(3) (logit) govsupdum	(4) (tobit) govsup
zhiyadum	1.644** (2.30)	0.031* (1.92)		
zhiya			0.082** (2.22)	0.002* (1.89)
pc	-1.186 (-0.72)	-0.047 (-1.46)	-1.164 (-0.70)	-0.046 (-1.45)
employsale	-32.919 (-0.61)	-1.027 (-0.92)	-31.962 (-0.59)	-1.013 (-0.91)
cfo	-7.217* (-1.74)	-0.243* (-1.67)	-7.125* (-1.71)	-0.242 (-1.65)
*top*1	-0.058 (-1.32)	-0.002* (-1.80)	-0.059 (-1.34)	-0.002* (-1.82)
lev	-3.537 (-1.28)	-0.065 (-0.94)	-3.576 (-1.29)	-0.066 (-0.95)
size	-0.216 (-0.38)	0.000 (0.00)	-0.245 (-0.42)	-0.000 (-0.04)
growth	-0.054 (-0.06)	-0.001 (-0.04)	-0.082 (-0.10)	-0.002 (-0.06)
roa	-3.631 (-0.28)	0.176 (0.43)	-3.441 (-0.26)	0.178 (0.43)
constant	6.154 (0.52)	-0.356 (-0.00)	6.741 (0.56)	-0.345 (-0.00)
industry	控制	控制	控制	控制
province	控制	控制	控制	控制
year	控制	控制	控制	控制
N	109	296	109	296
Pseudo R^2	0.359	1.279	0.358	1.279

注：第（1）、第（3）列的括号内为经异方差调整后的 z 值，第（2）、第（4）列的括号内为经异方差调整后的 t 值；*、**、*** 分别表示在 10%、5% 和 1% 统计水平上显著。

（2）工具变量法

为了缓解由于遗漏变量和反向因果关系带来的内生性问题对本书研究结论的影响，本书使用同地区民营企业与国有企业股权质押关系的金额的均值作为工具变量，采用工具变量法对上文研究结论进行再检验。表7-9的第（1）列的结果显示，民营企业与国有企业是否有股权质押关系（*zhiyadum*）的回归系数在10%统计水平上显著为正（系数=0.610，z值=1.90），表明在出现股权质押风险的民营企业中，相比于与国有企业没有股权质押关系的民营企业，与国有企业有股权质押关系的民营企业获取地方政府纾困的概率更大。表7-9的第（2）列的结果显示，民营企业与国有企业股权质押关系的金额（*zhiya*）的回归系数在5%统计水平上显著为正（系数=0.031，z值=1.99），表明在出现股权质押风险的民营企业中，民营企业与国有企业股权质押关系的金额（*zhiya*）越大，其获取地方政府纾困的概率越大。因此，本书在利用了工具变量法处理模型中可能存在的内生性问题后，实证结果与上文的回归结果保持一致，表明本书的研究结论是稳健的。

表7-9　　　　工具变量法（股权质押关系）

	(1) (iv probit) govsupdum	(2) (iv probit) govsupdum
zhiyadum	0.610* (1.90)	
zhiya		0.031** (1.99)
pc	0.025 (0.23)	0.027 (0.24)
employsale	3.941 (0.75)	3.917 (0.75)

续表

	(1) (iv probit) govsupdum	(2) (iv probit) govsupdum
cfo	-1.762** (-2.56)	-1.736** (-2.52)
*top*1	-0.011*** (-2.80)	-0.012*** (-2.94)
lev	-0.144 (-0.51)	-0.115 (-0.40)
size	0.256*** (4.77)	0.234*** (4.21)
growth	0.124 (1.33)	0.121 (1.29)
roa	2.331 (1.39)	2.290 (1.37)
constant	-7.605*** (-5.46)	-7.143*** (-5.12)
industry	控制	控制
province	控制	控制
year	控制	控制
N	1279	1279
Wald Chi2	218.825	218.095

注：括号内为经异方差调整后的 z 值；*、**、*** 分别表示在 10%、5% 和 1% 统计水平上显著。

（3）更换被解释变量的衡量方法

在前文的回归中，被解释变量地方政府纾困力度（*govsup*）用的是交易金额除以公司总市值来衡量。为了保持结果稳健，本书使用对交易金额取自然对数的方法来衡量地方政府纾困力度（*lngovsup*）。表 7-10 的第（1）列的结果显示，民营企业与国有企业是否有股权质押关系（*zhiyadum*）的回归系数在 5% 统计水平上显著为正（系数 =

5.162，t 值 =2.51），表明在出现股权质押风险的民营企业中，相比于与国有企业没有股权质押关系的民营企业，与国有企业有股权质押关系的民营企业获取地方政府纾困的力度更大。表 7－10 的第（2）列的结果显示，民营企业与国有企业股权质押关系的金额（*zhiya*）的回归系数在 1% 统计水平上显著为正（系数 =0.895，t 值 =3.80），表明在出现股权质押风险的民营企业中，民营企业与国有企业股权质押关系的金额（*zhiya*）越大，其获取地方政府纾困的力度越大。上述实证结果表明，在更换被解释变量（地方政府纾困力度）的衡量方法后，本书的研究结论依然成立。

表 7－10　更换被解释变量的衡量方法（股权质押关系）

	(1) (tobit) lngovsup	(2) (tobit) lngovsup
zhiyadum	16.780*** (3.61)	
zhiya		0.895*** (3.80)
pc	1.004 (0.44)	1.074 (0.47)
employsale	89.987 (0.79)	92.031 (0.81)
cfo	−35.951** (−2.48)	−35.274** (−2.43)
*top*1	−0.246*** (−2.87)	−0.265*** (−3.09)
lev	−3.777 (−0.62)	−2.968 (−0.49)
size	5.560*** (5.09)	4.883*** (4.39)
growth	2.644 (1.41)	2.608 (1.39)
roa	52.911 (1.49)	52.957 (1.49)

续表

	(1) (tobit) lngovsup	(2) (tobit) lngovsup
constant	-277.635 *** (-9.68)	-263.741 *** (-9.18)
industry	控制	控制
province	控制	控制
year	控制	控制
N	1429	1429
Pseudo R^2	0.102	0.103

注：括号内为经异方差调整后的 t 值；*、**、*** 分别表示在 10%、5% 和 1% 统计水平上显著。

(4) 更换回归模型

为了进一步保证本书的研究结论的稳健性和可靠性，本书将更换回归模型以检验本书的假设是否成立。前文对民营企业股权质押关系与地方政府纾困力度的关系的检验用的是 tobit 模型，为了进一步检验两者的关系，本书改用 OLS 模型进行再检验。表 7-11 的第（1）列的结果显示，民营企业与国有企业是否有股权质押关系（*zhiyadum*）的回归系数在 1% 统计水平上显著为正（系数 =0.008，t 值 =3.72），表明在出现股权质押风险的民营企业中，相比于与国有企业没有股权质押关系的民营企业，与国有企业有股权质押关系的民营企业获取地方政府纾困的力度更大。表 7-11 的第（2）列的结果显示，民营企业与国有企业股权质押关系的金额（*zhiya*）的回归系数在 1% 统计水平上显著为正（系数 =0.0004，t 值 =3.93），表明在出现股权质押风险的民营企业中，民营企业与国有企业股权质押关系的金额（*zhiya*）越大，其获取地方政府纾困的力度越大。上述结果表明，在更换回归模型后，本书的研究结论依然成立，表明本书的结论是稳健的。

表 7 – 11　　更换回归模型（股权质押关系）

	(1) (ols) govsup	(2) (ols) govsup
zhiyadum	0.008*** (3.72)	
zhiya		0.0004*** (3.93)
pc	0.005* (1.78)	0.005* (1.80)
employsale	0.006 (0.05)	0.008 (0.08)
cfo	–0.016 (–1.05)	–0.016 (–1.03)
*top*1	–0.000 (–0.83)	–0.000 (–0.92)
lev	–0.010* (–1.76)	–0.010* (–1.73)
size	0.003*** (3.47)	0.003*** (3.18)
growth	0.003 (1.63)	0.003 (1.62)
roa	0.008 (0.26)	0.009 (0.29)
constant	–0.096*** (–3.37)	–0.090*** (–3.21)
industry	控制	控制
province	控制	控制
year	控制	控制
N	1429	1429
Adj. R^2	0.050	0.051

注：括号内为经异方差调整后的 t 值；*、**、*** 分别表示在 10%、5% 和 1% 统计水平上显著。

（5）同时考虑股权关系、信贷关系、股权质押关系

第 5—第 7 章分别检验了民营企业国有资本参股、信贷关系、股

权质押关系对地方政府纾困的影响，研究结果表明股权关系、信贷关系、股权质押关系分别对民营企业获取地方政府纾困具有促进作用。为了进一步检验经济关联的促进效应，本书把经济关联的三个因素（股权关系、信贷关系、股权质押关系）同时纳入模型中进行检验，实证结果如表 7 - 12 所示。

如表 7 - 12 所示，本书将股权关系、信贷关系、股权质押关系同时纳入模型中进行多元回归，国有资本参股、信贷关系、股权质押关系的回归系数均至少在 10% 统计水平上显著为正。因此，在同时考虑三方面经济关联的情况下，本书的研究结论依然成立，表明本书的研究结果是稳健的。

表 7 - 12　同时考虑股权关系、信贷关系、股权质押关系

	(1) (logit) govsupdum	(2) (tobit) govsup	(3) (logit) govsupdum	(4) (tobit) govsup
statedum	0.414 ** (2.33)	0.026 ** (2.54)		
debtdum	0.803 ** (2.54)	0.055 *** (2.99)		
zhiyadum	1.432 *** (3.25)	0.071 *** (3.21)		
staterate			0.070 *** (2.58)	0.005 *** (3.15)
debt			2.100 ** (1.98)	0.108 * (1.78)
zhiya			0.078 *** (3.46)	0.004 *** (3.44)
pc	0.100 (0.49)	0.014 (1.25)	0.120 (0.59)	0.015 (1.35)
employsale	6.512 (0.68)	0.229 (0.38)	6.257 (0.67)	0.094 (0.16)

续表

	(1) (logit) govsupdum	(2) (tobit) govsup	(3) (logit) govsupdum	(4) (tobit) govsup
cfo	-2.655** (-2.15)	-0.139* (-1.93)	-2.473** (-1.98)	-0.133* (-1.82)
*top*1	-0.019** (-2.57)	-0.001** (-2.13)	-0.022*** (-2.97)	-0.001*** (-2.61)
lev	-0.666 (-1.26)	-0.067** (-2.15)	-1.004 (-1.53)	-0.078** (-2.08)
size	0.351*** (3.52)	0.020*** (3.67)	0.332*** (3.31)	0.019*** (3.48)
growth	0.235 (1.32)	0.015* (1.73)	0.243 (1.38)	0.016* (1.85)
roa	4.183 (1.46)	0.181 (1.11)	4.706 (1.59)	0.188 (1.13)
constant	-12.472*** (-4.73)	-1.212*** (-7.21)	-11.961*** (-4.38)	-1.156*** (-5.94)
industry	控制	控制	控制	控制
province	控制	控制	控制	控制
year	控制	控制	控制	控制
N	1279	1429	1279	1429
Pseudo R^2	0.219	0.633	0.221	0.633

注：第（1）、第（3）列的括号内为经异方差调整后的 z 值，第（2）、第（4）列的括号内为经异方差调整后的 t 值；*、**、*** 分别表示在 10%、5% 和 1% 统计水平上显著。

7.5 本章小结

本书以 2017 年至 2019 年期间出现股权质押风险的民营上市公司为研究样本，从理论上分析了与国有企业有股权质押关系的民营企业是否更能获取地方政府的纾困，并进行了实证检验。结果表明，在出现股权质押风险的民营企业中，与国有企业有股权质押关系的民营企业获取地方政府纾困的概率和力度更大，并且民营企业与国有企业股权质押关系的金额越大，其获取地方政府纾困的概率和力度越大。本书还考察了市场化程度对上述关系的调节效应，结果表明，在市场化程度较高的地区，与国有企业有股权质押关系的民营企业对其获取地方政府纾困的促进作用更不明显。本书利用倾向得分匹配法（PSM）、工具变量法、更换关键变量的衡量方法以及更换回归模型进一步对上述结果进行检验后，本书的研究结论依然成立。上述研究结论表明，与国有企业有股权质押关系有助于民营企业获取地方政府的纾困。

第 8 章　地方政府纾解民企股权质押风险效果的实证研究

前文分别从国有资本参股、信贷关系、股权质押关系等三个方面研究了地方政府纾解民营企业股权质押风险的影响因素。那么，地方政府对民营企业纾困的效果如何呢？本章将对此进行理论分析和实证检验。

8.1　问题的提出

根据本书第 5 章、第 6 章的分析，股权质押是民营上市公司重要的融资方式，但高比例的股权质押会带来一系列的不良经济后果，比如会降低公司投资效率（柯艳蓉和李玉敏，2019），损害公司业绩和价值（郝项超和梁琪，2009；郑国坚等，2014），促使控股股东隐藏“坏消息”以掩盖其侵占中小股东利益和损害公司价值的行为，增加公司信息披露违规的概率（张晨宇和武剑锋，2019），降低公司风险承担水平（何威风等，2018；Dou et al.，2019），增加公司的股价崩盘风险（夏常源和贾凡胜，2019），从而引发资本市场系统性风险（冯晓晴等，2020）。基于民营经济对税收、GDP、就业等方面作出的重要贡献和股权质押所产生的负面经济后果，地方政府为了达成经济社会目标和政治晋升目标，有动机纾困出现股权质押风险的民营企业。但在地方政府财力有限的情况下，地方政府会更倾向于纾困那些与政府存在经济关联关系（国有资本参股、信贷关系和股权质押关系）的民营企业，那么，地方政府对出现股权质押风险的民营企业纾困的效果如何？则是一个需要检验的实践命题。

从股权质押风险缓解的研究来看，此前学术界的研究主要聚焦于控股股东的“市值管理”行为。学者们认为控股股东为了降低或规避股权质押带来的控制权转移风险，控股股东有较大的动机通过正向盈余管理（谢德仁等，2017）、披露好消息而隐藏坏消息（李常青和幸伟，2017）、税收规避（王雄元等，2018）、持有更多现金（李常青等，2018）、“高送转”股利政策（廖珂等，2018）、削减创新投入（李常青等，2018）、股票回购（Chan et al.，2015）、慈善捐赠（胡珺等，2020）、保守的经营和投资政策（Dou et al.，2019）等“市值管理”手段维稳或提升股价，以化解控制权转移风险。上述关于股权质押风险的缓解手段的研究大多集中于上市公司内部人行为，鲜有文献从地方政府的视角对股权质押风险的化解进行探讨。

基于理论和实践的需要，本书以 2017 年至 2019 年期间出现股权质押风险的民营上市公司为研究样本，基于政府干预理论及股权质押的相关理论，从理论上分析地方政府纾解民营企业股权质押风险的效果，并以民营上市公司的股权质押数据实证检验地方政府的纾困效果，力图提供地方政府纾困效果的经验证据，也为民营企业股权质押风险的缓解提供地方政府纾困视角下的增量文献贡献。

8.2　理论分析与假设提出

实践中，地方政府的纾困方式主要包括债权型纾困和股权型纾困两大类型。债权型纾困就是由地方政府牵头的纾困基金向目标民营企业提供资金，双方之间形成的是一种金钱上的债权债务关系，具体方式包括质押融资、转质押和借款三种类型。无论哪种具体类型，债权型纾困都是给被纾困的公司或者其大股东支付一笔纾困资金。股权型纾困是指由纾困基金向面临资金流断裂风险的民营企业投资入股的一种纾困方式，具体方式包括协议转让股份、大宗交易、增资扩股、参与定向增发等几种类型。股权型纾困的实质就是国资背景的企业投资入股，由具有地方政府背景的投资方成为被纾困的民营企业的股东。

本书认为，地方政府的纾困行为具有缓解股权质押风险的效果，获得地方政府纾困的民营企业的股权质押风险会变小。理由如下：

第一，地方政府拥有丰富的救助资源，这是缓解民营企业股权质押风险的资源保障。根据制度理论，地方政府通过资源的分配和再分配影响经济生活，通过形式各样的税收、国有资产收益及其他合法收费为基础形成财政收入。为实现特定目标，地方政府按预算向有关方面和部门进行资金支付，达到资源的分配和再分配的目的（伍健等，2016）。无论是地方政府的分配还是再分配行为，都会对民营企业股权质押风险产生影响，比如政府通过专项项目的赋予，能够提升民营企业的创新能力（郑世林和周黎安，2015；陈尧和马梦妤，2019；黄永春等，2020），通过财政补贴能够缓解民营企业的融资约束（戴小勇和成力为，2014；柳光强，2016），通过政府采购能够提升民营企业产能利用效率（张国胜等，2018），上述措施能够提升民营企业的投资者关注度（苏婧等，2017），并通过媒体的广泛传播形成媒体关注与投资者关注的交互作用（逯东等，2015），从而提高股票的预期收益（王建新等，2015），进而提高股票价格。而股票价格的提升，能够降低民营企业股票低于质押预警线或者平仓线的概率，达到政府资源对民营企业支持的目的。因此，地方政府掌握的丰富资源能够为民营企业股权质押风险的缓解提供保障。

第二，地方政府纾困的两种方式（即债权型纾困、股权型纾困）能够对出现股权质押风险的民营企业产生实质性帮助，进而缓解民营企业股权质押风险。无论是债权型纾困还是股权型纾困，这些纾困措施都是地方政府通过纾困基金使用“真金白银”来帮助民营企业或者其大股东。被纾困的民营企业得到这笔资金后，可以用于增加公司流动资金，或者偿还到期债务避免债务违约，也可以用于释放原有的股票质押、办理转质押等，或者用于公司周转，帮助公司缓解资金短缺的压力。上述措施不仅能够增加股价跌破警戒线时补充担保物金额，降低股价跌破平仓线而被强制平仓的直接风险，还能降低大股东违规操作的风险（张晨宇和武剑锋，2019）、质权人和投资者的流动性风险（谢德仁等，2019）、控股股东丧失公司控制权和信用受损的风险（李旎和郑国坚，2015）和上市公司经营受困甚至倒闭的风险（郑国坚等，2014；李瑞涛和酒莉莉，2018）等间接风险。因此，上述两种纾困方式能够缓解民营企业股权质押风险，达到地方政府纾困的效果。

第三，地方政府除了采用上述两种纾困方式外，还可以采用相关配套扶持措施来支持民营企业的发展，协同发挥纾困效用。比如，地方政府可以降低民营企业的行业进入制度性壁垒，提高对民营企业市场准入度，增加对民营企业的政府补助，加大民营企业税收优惠力度。上述配套扶持措施可以增进地方政府纾困民营企业的效果，有效对民营企业股权质押风险予以纾解。

第四，地方政府对出现股权质押风险的民营企业的纾困，向市场传递了积极的信号，进而使民营企业股权质押风险得到缓解。首先，若出现股权质押风险的民营企业获取了地方政府纾困，表明该民营企业受到地方政府的重视，体现出该企业具有良好的资质信用或者较好的发展前景，这向市场传递了一种积极的信号，使公司股价上涨，促使民营企业股权质押风险得到缓解。另外，地方政府纾困民营企业向市场传递了明确的“救市”信号，会吸引机构投资者买入被纾困的公司股票，从而抬升公司股价，缓解了股权质押风险。由于机构投资者在掌握和分析资本市场信息（Callen and Fang，2013）、把握国家政策走势方面具有优势（史永东和王谨乐，2014），通常能够先知先觉（佟岩等，2015），因此，机构投资者在看到民营企业被地方政府纾困之后，就能敏锐地判断出该民营企业的经营状况将会好转，进而率先买入该公司股票，并带动其他投资者“跟风”买入，这样就导致股价上扬（程天笑等，2014；曹丰等，2015），获得地方政府纾困的民营企业的股权质押风险自然得到缓解。

综上所述，地方政府具有丰富的资源，其对民营企业采取的债权型纾困和股权型纾困均具有缓解民营企业流动性压力的实质性帮助，还可以采取相关配套扶持措施，并且地方政府的纾困会向市场传递有利于民营企业的积极信号，进而提升公司股价，产生缓解民营企业股权质押风险的效果。根据上述分析，本书提出如下假设：

假设 8 - a：获得地方政府纾困的民营企业，其股权质押风险得到了缓解；并且，纾困力度越大，股权质押风险缓解程度越大。

假设 8 - b：相对于没有获得地方政府纾困的民营企业，获得地方政府纾困的民营企业的股权质押风险缓解程度更大。

8.3 研究设计

8.3.1 样本选取和数据来源

本书以 2017—2019 年出现股权质押风险的民营上市公司为研究对象。股权质押风险数据来自于同花顺数据库（Ifind）中的“股权质押风险模型”数据。若民营上市公司股票收盘价在研究样本期间内曾经低于预警线，则视为股权质押出现了风险。若股票收盘价多次低于预警线，仅保留时间最早的一次。被纾困的民营上市公司名单主要来自东方财富网 Choice 数据库，本书还通过手动搜集巨潮资讯网、百度、新浪财经等网站信息对纾困样本进行了补充和完善。民营上市公司政治关联数据来自于国泰安（CSMAR）数据库中的“董监高个人特征数据”，并通过手工整理个人简历而成。本书其他财务数据和公司治理数据均来自于国泰安（CSMAR）数据库。本书按以下标准筛选研究样本：剔除金融类上市公司；剔除数据缺失、数据异常的样本。最终得到 254 个观测值。本书还对模型中所有连续变量进行了上下 1% 的 winsorize（缩尾）处理。数据处理和分析采用的是 Stata15.0。

8.3.2 模型构建和变量定义

（1）模型构建

为检验假设 8 - a 和假设 8 - b，本书构建了模型（8 - 1）和模型（8 - 2）：

$$\Delta Rv_i = \beta_0 + \beta_1 govsup + \sum controls + \sum industry + \sum province + \sum year + \varepsilon \tag{8-1}$$

$$\Delta Rv_i = \beta_0 + \beta_1 treat + \sum controls + \sum industry + \sum province + \sum year + \varepsilon \tag{8-2}$$

本书用普通最小二乘法（OLS）对模型中的系数进行估计。

（2）变量定义

①被解释变量（ΔRv_i）。民营企业股权质押风险的变化值ΔRv_i为本章的被解释变量。ΔRv_i为出现股权质押风险的民营企业被地方政府纾困窗口期前后经市场调整后的股权质押风险的变化值，即出现股权质押风险的民营企业在纾困日前 i 天经市场调整后的股权质押风险值减去纾困日后 i 天经市场调整后的股权质押风险值，其中 $i = 1, 2, 3, 4, 5$，即$\Delta Rv_i = Rv_{(-i)} - Rv_{(i)}$。例如$\Delta Rv_1$表示地方政府纾困日前 1 天经市场调整后的股权质押风险值$Rv_{(-1)}$减去地方政府纾困日后 1 天经市场调整后的股权质押风险值$Rv_{(1)}$，即$\Delta Rv_1 = Rv_{(-1)} - Rv_{(1)}$。

②解释变量。

其一，民营企业是否获得地方政府纾困（$treat$）。$treat$ 为民营企业是否获得地方政府纾困的虚拟变量，$treat = 1$ 指获得纾困的民营企业，*treat* =0 指未获得纾困的民营企业。

其二，地方政府纾困力度（*govsup*）。*govsup* 表示民营企业被地方政府纾困的力度，等于交易金额/公司总市值。

③控制变量（*controls*）。根据以往的研究（潘越等，2009；杜兴强等，2011；王红建等，2015），本书控制了以下变量：政治关联（*pc*）、公司雇员规模（*employsale*）、经营活动现金净流量（*cfo*）、第一大股东持股比例（*top*1）、资产负债率（*lev*）、公司规模（*size*）、公司成长性（*growth*）、盈利能力（*roa*）。此外，本书还控制了行业虚拟变量（*industry*）、地区虚拟变量（*province*）、年度虚拟变量（*year*）（见表 8 -1）。

表 8 -1　　变量定义表

变量类型	变量含义	变量符号	变量定义
被解释变量	民营企业股权质押风险的变化值	ΔRv_i	ΔRv_i为出现股权质押风险的民营企业被地方政府纾困窗口期前后经市场调整后的股权质押风险的变化值，即出现股权质押风险的民营企业在纾困日前 i 天经市场调整后的股权质押风险值减去纾困日后 i 天经市场调整后的股权质押风险值，其中 i = 1，2，3，4，5，即$\Delta Rv_i = Rv_{(-i)} - Rv_{(i)}$。例如$\Delta Rv_1$表示地方政府纾困日前 1 天经市场调整后的股权质押风险值$Rv_{(-1)}$减去地方政府纾困日后 1 天经市场调整后的股权质押风险值$Rv_{(1)}$，即$\Delta Rv_1 = Rv_{(-1)} - Rv_{(1)}$。
解释变量	民营企业是否获得地方政府纾困	*treat*	*treat* 为民营企业是否获得地方政府纾困的虚拟变量，*treat* =1 指获得纾困的民营企业，*treat* = 0 指未获得纾困的民营企业
	地方政府纾困力度	*govsup*	*govsup* 表示民营企业被地方政府纾困的力度，等于交易金额/公司总市值
控制变量	政治关联	*pc*	若民营企业的董事长或总经理曾经或者现在担任政府官员、人大代表或政协委员，则 *pc* 为 1，否则为 0
	公司雇员规模	*employsale*	公司每万元营业收入的雇员人数，即员工人数除以营业收入（万元）
	经营活动现金净流量	*cfo*	公司经营活动现金净流量除以公司总资产

续表

变量类型	变量含义	变量符号	变量定义
控制变量	第一大股东持股比例	*top*1	公司第一大股东持股比例
	资产负债率	*lev*	公司总负债除以总资产
	公司规模	*size*	公司总资产的自然对数
	公司成长性	*growth*	公司营业收入增长率
	盈利能力	*roa*	公司总资产收益率
	行业虚拟变量	*industry*	控制行业差异的影响
	地区虚拟变量	*province*	控制地区差异的影响
	年度虚拟变量	*year*	控制年度差异的影响

8.4　实证结果分析

8.4.1　描述性统计

表 8 - 2 列示了主要变量的描述性统计结果。如 8 - 2 所示，ΔRv_1、ΔRv_2、ΔRv_3、ΔRv_4、ΔRv_5的均值分别为 0.637、1.861、3.336、3.488、3.998，均大于 0，表明获得地方政府纾困的民营企业，其股权质押风险在一定程度上有所缓解。地方政府纾困力度（*govsup*）的均值为 0.068，中位数为 0.043。政治关联（*pc*）的均值为 0.201，表明大约有 20% 的民营企业的董事长或总经理具有“参政”的政治关联背景。第一大股东持股比例（*top*1）的均值为 27.615%，中位数为 23.210%，表明民营企业股权结构较为集中。民营企业资产负债率（*lev*）的均值为 0.422，中位数为 0.412，经营活动现金净流量（*cfo*）的均值为 0.004，中位数为 0.011，最小值为 - 0.199，最大值为 0.212，总资产收益率（*roa*）的均值为 0.020，中位数为 0.018。公司成长性（*growth*）的均值为 0.307，中位数为 0.173。公司雇员规

模（*employsale*）的均值为 0.014，中位数为 0.012。

表 8 - 2　　　　描述性统计

variable	N	mean	sd	min	p50	max
ΔRV_1	254	0.637	5.364	-15.351	0.023	19.235
ΔRV_2	254	1.861	7.886	-16.359	1.215	35.284
ΔRV_3	254	3.336	10.961	-26.138	1.843	54.062
ΔRV_4	254	3.488	11.445	-14.148	2.047	63.674
ΔRV_5	254	3.998	12.280	-17.471	1.718	64.096
govsup	254	0.068	0.085	0.000	0.043	0.429
pc	254	0.201	0.401	0.000	0.000	1.000
employsale	254	0.014	0.008	0.001	0.012	0.049
cfo	254	0.004	0.066	-0.199	0.011	0.212
*top*1	254	27.615	11.168	8.430	23.210	65.520
lev	254	0.422	0.179	0.054	0.412	0.905
size	254	22.165	0.931	19.813	22.145	24.602
growth	254	0.307	0.590	-0.721	0.173	2.556
roa	254	0.020	0.023	-0.096	0.018	0.117

8.4.2 相关性分析

表 8 - 3 列示了主要变量的 Pearson 相关系数表。如表 8 - 3 所示，*govsup* 与 ΔRv_1 之间的相关系数为 0.197，在 1% 统计水平上显著为正，*govsup* 与 ΔRv_2 之间的相关系数为 0.230，在 1% 统计水平上显著为正。*govsup* 与 ΔRv_3、ΔRv_4、ΔRv_5 之间的相关系数分别为 0.156、0.183、0.137，均至少在 5% 统计水平上显著为正。上述结果初步验证了本书的假设 8 - a。

8.4.3 多元回归分析

表 8 - 4 列示了地方政府纾困日窗口期前后民营企业股权质押风

表8-3 Pearson相关系数

	ΔRV_1	ΔRV_2	ΔRV_3	ΔRV_4	ΔRV_5	govsup	pc	employsale	cfo	top1	lev	size	growth	roa
ΔRV_1	1													
ΔRV_2	0.737***	1												
ΔRV_3	0.576***	0.847***	1											
ΔRV_4	0.514***	0.769***	0.938***	1										
ΔRV_5	0.430***	0.706***	0.859***	0.927***	1									
govsup	0.197***	0.230***	0.156**	0.183***	0.137**	1								
pc	0.009	0.000	-0.039	-0.080	-0.062	0.103	1							
employsale	0.040	0.028	0.019	0.041	0.083	-0.019	0.086	1						
cfo	0.030	0.000	-0.011	-0.028	-0.045	0.088	0.060	0.233***	1					
top1	-0.048	0.020	0.038	0.012	0.012	0.037	0.060	0.007	0.008	1				
lev	-0.021	0.007	0.000	0.015	0.039	-0.060	0.033	-0.280***	-0.311***	0.087	1			
size	0.049	0.022	-0.013	-0.014	-0.005	0.051	-0.020	-0.389***	-0.020	0.096	0.571***	1		
growth	-0.002	-0.011	-0.040	-0.098	-0.079	0.005	0.133**	-0.120*	-0.230***	0.191***	0.059	-0.031	1	
roa	0.005	-0.029	-0.068	-0.101	-0.129**	-0.042	-0.090	-0.242***	0.223***	0.155**	-0.138**	0.128**	0.049	1

注：*、**、*** 分别表示在10%、5%和1%统计水平上显著。

险的变化值的均值 T 检验的结果。如表 8 –4 所示，地方政府纾困日前后 1 天民营企业股权质押风险的变化值的均值为 0.637，在 10% 统计水平上显著为正。地方政府纾困日前后 2 天民营企业股权质押风险的变化值的均值为 1.861，在 1% 统计水平上显著为正。地方政府纾困日前后 3 天、4 天、5 天民营企业股权质押风险的变化值的均值分别为 3.336、3.488、3.998，并且均在 1% 统计水平上显著为正。上述结果表明，获得地方政府纾困的民营企业，其股权质押风险得到了缓解，本书的假设 8 – a 得到了支持。

表 8 –4　地方政府纾困日窗口期前后民营企业股权质押风险的变化值的均值 T 检验

variable	N	均值	T test
ΔRV_1	254	0.637	1.89*
ΔRV_2	254	1.861	3.76***
ΔRV_3	254	3.336	4.85***
ΔRV_4	254	3.488	4.86***
ΔRV_5	254	3.998	5.19***

注：*、**、*** 分别表示在 10%、5% 和 1% 统计水平上显著。

表 8 –5 列示了地方政府纾困力度与民营企业股权质押风险缓解的多元回归分析结果。表 8 –5 的第（1）列的结果显示，地方政府纾困力度（*govsup*）的回归系数在 5% 统计水平上显著为正（系数 = 11.674，t 值 = 2.54），表明地方政府纾困力度越大，民营企业股权质押风险在纾困日前后 1 天的缓解程度越大。第（2）列的结果显示，地方政府纾困力度（*govsup*）的回归系数在 1% 统计水平上显著为正（系数 = 28.060，t 值 = 4.07），表明地方政府纾困力度越大，民营企业股权质押风险在纾困日前后 2 天的缓解程度越大。第（1）、第（2）列的结果表明，地方政府纾困力度越大，民营企业股权质押风险在纾困日前后 1 天和前后 2 天的缓解程度越大。表 8 –5 的第（3）、第（4）、第（5）列的结果显示，地方政府纾困力度（*govsup*）的回归系数均在 1% 统计水平上显著为正（系数 = 36.514，t 值 =

3.68；系数 =34.393，t 值 =3.35；系数 =34.392，t 值 =3.09），表明地方政府纾困力度越大，民营企业股权质押风险在纾困日前后 3 天、前后 4 天、前后 5 天的缓解程度越大。表 8 - 5 的第（1）—第（5）列的结果表明，地方政府纾困力度越大，民营企业股权质押风险在纾困日前后 1 天、前后 2 天、前后 3 天、前后 4 天、前后 5 天的缓解程度越大。上述结果表明，地方政府纾困力度越大，民营企业股权质押风险缓解程度越大，假设 8 - a 得到了经验证据的支持。

表 8 - 5　　地方政府纾困力度与股权质押风险缓解

	(1) ΔRV_1	(2) ΔRV_2	(3) ΔRV_3	(4) ΔRV_4	(5) ΔRV_5
govsup	11.674 ** (2.54)	28.060 *** (4.07)	36.514 *** (3.68)	34.393 *** (3.35)	34.392 *** (3.09)
pc	0.167 (0.19)	-1.166 (-0.89)	-1.979 (-1.05)	-3.091 (-1.58)	-3.064 (-1.45)
employsale	42.949 (0.75)	106.148 (1.24)	184.557 (1.50)	181.679 (1.42)	288.648 ** (2.08)
cfo	4.423 (0.71)	10.369 (1.11)	11.229 (0.84)	5.566 (0.40)	2.961 (0.20)
*top*1	0.011 (0.30)	0.021 (0.39)	0.037 (0.48)	0.071 (0.89)	0.061 (0.70)
lev	0.131 (0.04)	5.493 (1.25)	10.251 (1.63)	12.291 * (1.89)	16.566 ** (2.34)
size	0.416 (0.77)	-0.414 (-0.51)	-1.290 (-1.11)	-1.681 (-1.40)	-1.697 (-1.30)
growth	-0.663 (-1.06)	-1.005 (-1.07)	-1.782 (-1.32)	-3.345 ** (-2.40)	-3.147 ** (-2.08)
roa	21.790 (1.21)	9.780 (0.36)	-26.010 (-0.67)	-42.030 (-1.05)	-44.059 (-1.01)
constant	-1.623 (-0.14)	-0.648 (-0.04)	0.735 (0.03)	23.232 (0.87)	13.028 (0.45)

续表

	(1) ΔRV_1	(2) ΔRV_2	(3) ΔRV_3	(4) ΔRV_4	(5) ΔRV_5
industry	控制	控制	控制	控制	控制
province	控制	控制	控制	控制	控制
year	控制	控制	控制	控制	控制
N	254	254	254	254	254
Adj. R^2	0. 193	0. 160	0. 102	0. 116	0. 098

注：括号内为经异方差调整后的 t 值。*、**、*** 分别表示在 10%、5% 和 1% 统计水平上显著。

为检验本书的假设 8 - 1b，本书在控制公司特征变量的情况下，用倾向得分匹配法（PSM）对于被纾困的样本与未被纾困的样本进行 1∶1 最近邻匹配，得到 246 个纾困样本与 246 个与之相匹配的未纾困样本，总观测值为 492 个。然后采用普通最小二乘法对假设 8 - b 进行多元回归。本书控制的特征变量包括：政治关联（*pc*）、公司雇员规模（*employsale*）、经营性现金净流量（*cfo*）、第一大股东持股比例（*top*1）、资产负债率（*lev*）、公司规模（*size*）、营业收入增长率（*growth*）、总资产收益率（*roa*）、公司上市年龄（*age*）、独立董事比例（*indrate*）、董事会规模（*board*）、董事长和总经理是否两职合一（*presmn*）（见表 8 - 6）。

表 8 - 6　纾困组与非纾困组的股权质押风险变化值的差异检验

Variables	treat = 0			treat = 1			(treat = 1) - (treat = 0)	
	N	Mean	Median	N	Mean	Median	均值差异	中位数差异
ΔRV_1	246	0. 068	-0. 195	246	0. 597	0. 130	0. 529	0. 325
ΔRV_2	246	-0. 017	-0. 155	246	1. 668	0. 828	1. 686 **	0. 983 ***
ΔRV_3	246	0. 211	-0. 115	246	2. 925	1. 465	2. 714 ***	1. 580 ***
ΔRV_4	246	0. 442	-0. 155	246	2. 783	1. 400	2. 340 **	1. 555 **
ΔRV_5	246	0. 556	-0. 485	246	2. 956	1. 185	2. 401 **	1. 670

注：*、**、*** 分别表示在 10%、5% 和 1% 统计水平上显著。

表 8 - 6 列示了纾困样本组与未纾困样本组的股权质押风险变化

值的差异检验的结果。如表 8－6 所示，纾困样本组与未纾困样本组在纾困日期前后 2 天股权质押风险变化值的均值差异在 5% 统计水平上显著为正，中位数差异在 1% 统计水平上显著为正。此外，纾困样本组与未纾困样本组在纾困日期前后 3 天、前后 4 天、前后 5 天股权质押风险变化值的均值差异都至少在 5% 统计水平上显著为正，纾困样本组与未纾困样本组在纾困日期前后 3 天、前后 4 天股权质押风险变化值的中位数差异均至少在 5% 统计水平上显著为正。上述结果表明，纾困样本组在纾困日期前后股权质押风险变化值的均值和中位数在总体上比非纾困样本组更大，表明相比于未获得地方政府纾困的民营企业，获得地方政府纾困的民营企业的股权质押风险缓解程度更大，初步支持了假设 8－b。

表 8－7　民企是否获得地方政府纾困与股权质押风险缓解

	(1)	(2)	(3)	(4)	(5)
	ΔRV_1	ΔRV_2	ΔRV_3	ΔRV_4	ΔRV_5
treat	0.763	1.909**	2.796**	2.331**	2.451**
	(1.35)	(2.31)	(2.56)	(2.01)	(1.99)
pc	0.468	0.060	－0.766	－1.610	－1.024
	(0.81)	(0.07)	(－0.68)	(－1.36)	(－0.81)
employsale	11.629	35.453	9.448	－9.869	13.922
	(0.38)	(0.79)	(0.16)	(－0.16)	(0.21)
cfo	2.582	8.060	12.629	6.686	7.669
	(0.59)	(1.25)	(1.49)	(0.74)	(0.80)
*top*1	－0.008	0.013	0.002	－0.000	－0.013
	(－0.36)	(0.38)	(0.05)	(－0.00)	(－0.26)
lev	－2.549	－4.079	－4.485	－3.945	－2.062
	(－1.41)	(－1.54)	(－1.28)	(－1.07)	(－0.52)
size	0.436	0.299	0.194	0.462	0.193
	(1.37)	(0.64)	(0.32)	(0.71)	(0.28)
growth	－0.142	－0.395	－0.640	－1.607*	－1.742*
	(－0.32)	(－0.61)	(－0.75)	(－1.78)	(－1.81)

续表

	(1) ΔRV_1	(2) ΔRV_2	(3) ΔRV_3	(4) ΔRV_4	(5) ΔRV_5
roa	1.159 (0.11)	1.784 (0.11)	-20.182 (-0.98)	-32.951 (-1.51)	-41.335* (-1.78)
constant	-8.512 (-0.80)	-7.071 (-0.46)	-3.817 (-0.19)	-14.746 (-0.68)	-8.787 (-0.38)
industry	控制	控制	控制	控制	控制
province	控制	控制	控制	控制	控制
year	控制	控制	控制	控制	控制
N	492	492	492	492	492
Adj. R^2	0.040	0.034	0.056	0.049	0.048

注：括号内为经异方差调整后的 t 值。*、**、*** 分别表示在 10%、5% 和 1% 统计水平上显著。

表 8－7 列示了民企是否获得地方政府纾困与股权质押风险缓解的多元回归分析结果。表 8－7 的第（2）列的结果显示，民企是否获得地方政府纾困（*treat*）的回归系数在 5% 统计水平上显著为正（系数＝1.909，t 值＝2.31），表明相比于未获得地方政府纾困的民营企业，获得地方政府纾困的民营企业的股权质押风险在纾困日前后 2 天的缓解程度更大。第（3）列的结果显示，民企是否获得地方政府纾困（*treat*）的回归系数在 5% 统计水平上显著为正（系数＝2.796，t 值＝2.56），表明相比于未获得地方政府纾困的民营企业，获得地方政府纾困的民营企业的股权质押风险在纾困日前后 3 天的缓解程度更大。第（2）、第（3）列的结果表明，相比于未获得地方政府纾困的民营企业，获得地方政府纾困的民营企业的股权质押风险在纾困日前后 2 天、前后 3 天的缓解程度更大。表 8－7 的第（4）、第（5）列的结果显示，民企是否获得地方政府纾困（*treat*）的回归系数均在 5% 统计水平上显著为正（系数＝2.331，t 值＝2.01；系数＝2.451，t 值＝1.99），表明相比于未获得地方政府纾困的民营企业，获得地方政府纾困的民营企业的股权质押风险在纾困日前后 4 天、前

后 5 天的缓解程度更大。表 8 - 7 的第（2）—第（5）列的结果表明，相比于未获得地方政府纾困的民营企业，获得地方政府纾困的民营企业的股权质押风险在纾困日前后 2 天、前后 3 天、前后 4 天、前后 5 天的缓解程度更大。表 8 - 7 的第（1）列的结果显示，民企是否获得地方政府纾困（*treat*）的回归系数为正。上述结果表明，相比于未获得地方政府纾困的民营企业，获得地方政府纾困的民营企业的股权质押风险缓解程度更大，假设 8 - b 得到了支持。

8.4.4　稳健性检验

（1）更换窗口期

在前文的回归中设定民营企业股权质押风险值的窗口期为（ -1，1）、（ -2，2）、（ -3，3）、（ -4，4）、（ -5，5），稳健性检验调整窗口期为（ -3，5）、（ -5，3）、（ -5，1），对上述假设进行再检验，以保证本书的研究结论的稳健性和可靠性。

表 8 - 8 列示了地方政府纾困力度与民营企业股权质押风险缓解的关系的稳健性检验结果。表 8 - 8 的第（1）列的结果显示，地方政府纾困力度（*govsup*）的回归系数在 1% 统计水平上显著为正（系数 = 44. 412，t 值 = 4. 12），表明地方政府纾困力度越大，民营企业股权质押风险在纾困日前 3 天至后 5 天的缓解程度越大。第（2）列的结果显示，地方政府纾困力度（*govsup*）的回归系数在 5% 统计水平上显著为正（系数 = 26. 870，t 值 = 2. 56），表明地方政府纾困力度越大，民营企业股权质押风险在纾困日前 5 天至后 3 天的缓解程度越大。表 8 - 8 的第（3）列的结果显示，地方政府纾困力度（*govsup*）的的回归系数在 5% 统计水平上显著为正（系数 = 22. 207，t 值 = 2. 42），表明地方政府纾困力度越大，民营企业股权质押风险在纾困日前 5 天至后 1 天的缓解程度越大。表 8 - 8 的第（1）—第（3）列的结果表明，地方政府纾困力度越大，民营企业股权质押风险在纾

困窗口期（-3，5）、（-5，3）、（-5，1）的缓解程度越大。上述结果表明，地方政府纾困力度越大，民营企业股权质押风险缓解程度越大，在更换窗口期之后，该结果与前文回归的结果保持一致，表明本书的结论是稳健的。

表 8-8　地方政府纾困力度与股权质押风险缓解（更换窗口期）

	(1) $\Delta RV_{(-3,5)}$	(2) $\Delta RV_{(-5,3)}$	(3) $\Delta RV_{(-5,1)}$
govsup	44.412*** (4.12)	26.870** (2.56)	22.207** (2.42)
pc	-1.907 (-0.93)	-3.122 (-1.56)	-1.110 (-0.64)
employsale	226.376* (1.69)	240.616* (1.84)	77.539 (0.68)
cfo	7.880 (0.54)	6.472 (0.46)	5.723 (0.46)
top1	0.074 (0.88)	0.025 (0.31)	0.000 (0.01)
lev	11.786* (1.72)	15.147** (2.27)	10.779* (1.85)
size	-1.062 (-0.84)	-1.955 (-1.60)	-1.334 (-1.24)
growth	-2.985** (-2.04)	-1.964 (-1.38)	-1.691 (-1.36)
roa	-5.388 (-0.13)	-65.347 (-1.59)	-58.252 (-1.62)
constant	-6.745 (-0.24)	21.101 (0.78)	20.985 (0.88)
industry	控制	控制	控制
province	控制	控制	控制
year	控制	控制	控制
N	254	254	254
Adj. R^2	0.119	0.095	0.131

注：括号内为经异方差调整后的 t 值。*、**、*** 分别表示在 10%、5% 和 1% 统计水平上显著。

表 8－9 列示了民企是否获得地方政府纾困与股权质押风险缓解的关系的稳健性检验结果。表 8－9 的第（1）列的结果显示，民企是否获得地方政府纾困（*treat*）的回归系数在 5% 统计水平上显著为正（系数＝3.241，t 值＝2.57），表明相比于未获得地方政府纾困的民营企业，获得地方政府纾困的民营企业的股权质押风险在纾困日前 3 天至后 5 天的缓解程度更大。第（2）列的结果显示，民企是否获得地方政府纾困（*treat*）的回归系数在 10% 统计水平上显著为正（系数＝2.301，t 值＝1.82），表明相比于未获得地方政府纾困的民营企业，获得地方政府纾困的民营企业的股权质押风险在纾困日前 5 天至后 3 天的缓解程度更大。表 8－9 的第（3）列的结果显示，民企是否获得地方政府纾困（*treat*）的回归系数在 10% 统计水平上显著为正（系数＝2.107，t 值＝1.93），表明相比于未获得地方政府纾困的民营企业，获得地方政府纾困的民营企业的股权质押风险在纾困日前 5 天至后 1 天的缓解程度更大。表 8－9 的第（1）—第（3）列的结果表明，相比于未获得地方政府纾困的民营企业，获得地方政府纾困的民营企业的股权质押风险在纾困窗口期（－3，5）、（－5，3）、（－5，1）的缓解程度更大。上述结果表明，相比于未获得地方政府纾困的民营企业，获得地方政府纾困的民营企业的股权质押风险缓解程度更大，在更换窗口期之后，该结果与前文回归的结果保持一致，表明本书的结论是稳健的。

表 8－9　民企是否获得地方政府纾困与股权质押风险缓解（更换窗口期）

	(1)	(2)	(3)
	$\Delta RV_{(-3,5)}$	$\Delta RV_{(-5,3)}$	$\Delta RV_{(-5,1)}$
treat	3.241**	2.301*	2.107*
	(2.57)	(1.82)	(1.93)
pc	−0.857	−1.260	−0.089
	(−0.66)	(−0.97)	(−0.08)
employsale	−29.028	18.292	−2.555
	(−0.42)	(0.27)	(−0.04)

续表

	(1) $\Delta RV_{(-3,5)}$	(2) $\Delta RV_{(-5,3)}$	(3) $\Delta RV_{(-5,1)}$
cfo	12.100 (1.24)	15.319 (1.56)	12.470 (1.47)
*top*1	0.008 (0.15)	-0.017 (-0.33)	-0.036 (-0.81)
lev	-5.886 (-1.46)	-2.920 (-0.72)	-2.379 (-0.68)
size	0.341 (0.48)	-0.100 (-0.14)	0.040 (0.07)
growth	-1.750* (-1.78)	-0.424 (-0.43)	-0.353 (-0.41)
roa	-17.370 (-0.73)	-53.504** (-2.25)	-57.019*** (-2.77)
constant	-12.774 (-0.54)	4.516 (0.19)	4.635 (0.23)
industry	控制	控制	控制
province	控制	控制	控制
year	控制	控制	控制
N	492	492	492
Adj. R^2	0.090	0.061	0.046

注：括号内为经异方差调整后的 t 值。*、**、*** 分别表示在 10%、5% 和 1% 统计水平上显著。

（2）更换变量衡量方法

在前文的回归中，地方政府纾困力度（*govsup*）用的是交易金额除以公司总市值来衡量。为了保证结果的稳健性，本书使用对交易金额取自然对数的方法来衡量地方政府纾困力度（*lngovsup*）。表 8-10 列示了在更换变量衡量方法后，地方政府纾困力度与民营企业股权质押风险缓解的关系的稳健性检验结果。表 8-10 的第（1）列的结果显示，地方政府纾困力度（*lngovsup*）的回归系数在 10% 统计水平上显著为正（系数 = 0.595，t 值 = 1.93），表明地方政府纾困力度越大，民营企业股权质押风险在纾困日前后 1 天的缓解程度越大。第（2）列的结果显示，地方政府纾困力度（*lngovsup*）的回归系数在 1% 统计水平上显著为正（系数 = 1.364，t 值 = 2.91），表明地方政府纾困力度越大，民营企业股权质押风险在纾困日前后 2 天的缓解程度越大。表 8 - 10 的第（3）、第（4）、第（5）列的结果显示，地方政府纾困力度（*lngovsup*）的回归系数均至少在 10% 统计水平上显著为正（系数 = 1.819，t 值 = 2.71；系数 = 1.537，t 值 = 2.21；系数 = 1.473，t 值 = 1.96），表明地方政府纾困力度越大，民营企业股权质押风险在纾困日前后 3 天、前后 4 天、前后 5 天的缓解程度越大。表 8 - 10 的第（1）—第（5）列的结果表明，地方政府纾困力度越大，民营企业股权质押风险在纾困日前后 1 天、前后 2 天、前后 3 天、前后 4 天、前后 5 天的缓解程度越大。上述结果表明，地方政府纾困力度越大，民营企业股权质押风险缓解程度越大，在更换关键变量（地方政府纾困力度）的衡量方法后，本书的研究结论依然成立，表明本书的结果是稳健的。

表 8 - 10　　地方政府纾困力度与股权质押风险缓解（更换变量衡量方法）

	(1) ΔRV_1	(2) ΔRV_2	(3) ΔRV_3	(4) ΔRV_4	(5) ΔRV_5
lngovsup	0.595* (1.93)	1.364*** (2.91)	1.819*** (2.71)	1.537** (2.21)	1.473* (1.96)
pc	0.325 (0.37)	-0.783 (-0.59)	-1.482 (-0.78)	-2.614 (-1.32)	-2.585 (-1.21)
employsale	44.341 (0.77)	108.135 (1.23)	188.038 (1.50)	181.337 (1.39)	286.987** (2.04)
cfo	3.690 (0.59)	8.681 (0.91)	8.984 (0.66)	3.650 (0.26)	1.117 (0.07)

续表

	(1) ΔRV_1	(2) ΔRV_2	(3) ΔRV_3	(4) ΔRV_4	(5) ΔRV_5
*top*1	0. 009 (0. 25)	0. 017 (0. 31)	0. 032 (0. 41)	0. 068 (0. 84)	0. 059 (0. 67)
lev	0. 042 (0. 01)	5. 124 (1. 14)	9. 873 (1. 53)	11. 521 * (1. 72)	15. 645 ** (2. 16)
size	0. 110 (0. 19)	-1. 108 (-1. 27)	-2. 220 * (-1. 78)	-2. 448 * (-1. 90)	-2. 425 * (-1. 74)
growth	-0. 611 (-0. 97)	-0. 884 (-0. 93)	-1. 621 (-1. 19)	-3. 204 ** (-2. 26)	-3. 010 * (-1. 96)
roa	14. 259 (0. 77)	-7. 524 (-0. 27)	-49. 055 (-1. 22)	-61. 608 (-1. 48)	-62. 863 (-1. 39)
constant	0. 594 (0. 04)	18. 025 (0. 87)	24. 565 (0. 83)	36. 688 (1. 20)	31. 390 (0. 95)
industry	控制	控制	控制	控制	控制
province	控制	控制	控制	控制	控制
year	控制	控制	控制	控制	控制
N	254	254	254	254	254
Adj. R^2	0. 182	0. 129	0. 076	0. 090	0. 074

注：括号内为经异方差调整后的 t 值。*、**、*** 分别表示在 10%、5% 和 1% 统计水平上显著。

8.5 本章小结

本书以 2017 年至 2019 年期间出现股权质押风险的民营上市公司为研究样本，对地方政府纾解民营企业股权质押风险的实际效果进行了理论分析，并进行了实证检验。结果表明，获得地方政府纾困的民营企业，其股权质押风险得到了缓解；并且，纾困力度越大，股权质押风险得到缓解的程度越大；相对于没有获得地方政府纾困的民营企业，获得地方政府纾困的民营企业的股权质押风险得到缓解的程度更大。本书利用更换窗口期和更换变量衡量方法对上述结果进行稳健性检验后，本书的研究结论依然成立。上述研究结论表明，地方政府的纾困缓解了民营企业的股权质押风险。

第9章　研究结论、政策建议与研究展望

9.1　研究结论

在民营企业股权质押风险高企的背景下，如何缓解股权质押风险以及各地方政府如何选择纾困的目标公司，这是目前理论界和实务界都高度关注的热点话题以及亟待检验的问题。本书以2017年至2019年期间出现股权质押风险的民营上市公司为研究样本，基于政府干预理论、政治关联理论、利益相关者理论和股权质押的相关理论，从理论和实证上分析和检验了民营企业与政府之间的经济关联对地方政府纾困的影响，得出以下研究结论：

第一，国有资本参股有助于出现股权质押风险的民营企业获取地方政府纾困。具体来说，在出现股权质押风险的民营企业中，国有资本参股的民营企业获取地方政府纾困的概率和力度更大，并且国有资本参股的比例越大，获取地方政府纾困的概率和力度越大。本书还考察了市场化程度对上述关系的调节效应，结果表明，在市场化程度较高的地区，国有资本参股对民营企业获取地方政府纾困的促进作用更不明显。本书进一步考察了国有资本参股来源地对民营企业获取地方政府纾困的影响，结果表明，相比于异地国有资本参股，本地国有资本参股的民营企业获取地方政府纾困的概率和力度更大。本书利用倾

向得分匹配法（PSM）、Heckman 两阶段回归法、工具变量法、更换关键变量的衡量方法以及更换回归模型进一步对假说进行再检验后，本书的研究结论依然成立。总之，国有资本参股有助于出现股权质押风险的民营企业获取地方政府纾困。

第二，信贷关系有助于出现股权质押风险的民营企业获取地方政府纾困。具体来说，在出现股权质押风险的民营企业中，有银行借款的民营企业获取地方政府纾困的概率和力度更大，并且银行借款越多，获取地方政府纾困的概率和力度越大。本书还考察了长期借款对民营企业获取地方政府纾困的影响，结果表明，在出现股权质押风险的民营企业中，长期借款占比更高的民营企业获取地方政府纾困的概率和力度更大。本书进一步考察了市场化程度对民营企业银行借款与地方政府纾困之间关系的调节效应，结果表明，在市场化程度较高的地区，民营企业与银行的信贷关系对民营企业获取地方政府纾困的促进作用更不明显。本书利用倾向得分匹配法（PSM）、工具变量法、更换关键变量的衡量方法以及更换回归模型进一步对假说进行再检验后，本书的研究结论依然成立。总之，与银行存在信贷关系有助于出现股权质押风险的民营企业获取地方政府纾困。

第三，股权质押关系有助于出现股权质押风险的民营企业获取地方政府纾困。在出现股权质押风险的民营企业中，与国有企业有股权质押关系的民营企业获取地方政府纾困的概率和力度更大，并且与国有企业的股权质押关系的金额越大，获取地方政府纾困的概率和力度越大。本书还考察了市场化程度对上述关系的调节效应，结果表明，在市场化程度较高的地区，与国有企业有股权质押关系对民营企业获取地方政府纾困的促进作用更不明显。本书利用倾向得分匹配法（PSM）、工具变量法、更换关键变量的衡量方法以及更换回归模型进一步对假说进行再检验后，本书的研究结论依然成立。总之，与国有企业存在股权质押关系有助于出现股权质押风险的民营企业获取地方政府纾困。

第四，地方政府纾困缓解了民营企业的股权质押风险。获得地方政府纾困的民营企业，其股权质押风险得到了缓解，并且纾困力度越大，股权质押风险得到缓解的程度越大；相对于没有获得地方政府纾困的民营企业，获得地方政府纾困的民营企业的股权质押风险得到缓解的程度更大。本书利用更换窗口期和更换变量衡量方法对假说进行再检验后，本书的研究结论依然成立。总之，地方政府的纾困能够缓解民营企业的股权质押风险。

综上所述，本书的研究结论表明，在地方政府开展纾解民营企业股权质押风险工作的过程中，国有资本参股、信贷关系、股权质押关系等经济关联因素会影响地方政府的纾困选择，地方政府对与政府存在经济关联的民营企业进行纾困的概率和力度更大，并且地方政府的纾困行为缓解了民营企业的股权质押风险。

9.2 政策建议

立足于以上研究结论，本书提出如下政策建议：

第一，地方政府在开展纾解民营企业股权质押风险的实际工作过程中，应当准确把握好纾困对象的重点选择方向。

地方政府纾困民营企业的资源的有限性决定了合理选择纾困对象的必要性和重要性。关于纾困对象的选择，其实高层领导已经通过公开讲话指明了重点选择方向。2018 年 10 月 19 日，国务院副总理刘鹤就当前经济金融热点问题接受《人民日报》、新华社、中央电视台联合采访时指出，“金融机构要科学合理地做好股权质押融资业务风险管理，鼓励地方政府管理的基金、私募股权基金帮助有发展前景的公司纾解股权质押困难。”2018 年 11 月 1 日，习近平总书记《在民营企业座谈会上的讲话》指出，“对地方政府加以引导，对符合经济结构优化升级方向、有前景的民营企业进行必要财务救助。……帮助区域内产业龙头、就业大户、战略新兴行业等关键重点民营企业纾困。”根据以上领导人的讲话可以看出，国家政策要求地方政府纾困民营企业的重点选择方向应当是以下两类民营企业：一类是根据发展前景因素，选择符合经济结构优化升级方向、有前景、属于战略新兴行业的企业；另一类是根据地位和规模因素，选择区域内的产业龙头、就业大户企业。

但是实际情况如何呢？根据本书的研究发现，地方政府在纾困对象的重点选择方向上实际上注重的是经济关联因素，即对于国有资本参股、与银行存在信贷关系、与国有企业存在股权质押关系的民营企业予以纾困的概率和力度更大。虽然地方政府出于保护国有资产、维护地方经济利益等需要而作出这种选择也属无可厚非，但是这种选择方向与中央的政策要求有所偏离，因此应当根据中央的政策要求进行调整和优化。

建议地方政府在今后纾困民营企业的工作中，应当真心实意地从保护和促进民营经济发展的大局出发，尽可能地抑制过多的自身利益考量，切实将有发展前景的企业和产业龙头、就业大户企业作为重点选择方向。至于地方政府关注的国有资产保护因素和维护地方经济利益因素，只能在突出上述两个重点选择方向的基础上再兼顾考虑。

第二，中央政府应当尽快制定和发布地方政府纾困民营企业的细则性文件，具体明确地规定地方政府纾困民营企业的对象标准。

目前，中央只是原则性规定了纾困民营企业的重点对象选择方向，尚未明确规定纾困民营企业的具体对象标准，地方政府也没有出台关于遴选纾困对象的具体标准和操作规程。具体对象标准的缺失，实际上给予了地方政府较大的“自由裁量”的空间，由此造成以下三个方面的弊端：一是容易导致地方政府在选择纾困对象时未能突出中央要求的两个重点选择方向，造成一些本应获得纾困的有发展前景的民营企业和产业龙头、就业大户民营企业未能获得地方政府的救助；二是给掌管纾困民营企业工作的地方政府官员留下了较大的寻租空间，使其拥有了“夹带私货”以权谋私的机会，反而容易造成资源错配和新的社会不公；三是使得民营企业无法根据预先公布的纾困对象条件来进行自我评价和改善经营管理，无法发挥地方政府纾困民营企业的正向激励作用，不利于优胜劣汰市场机制的有效运行。

为了提高地方政府纾困民营企业工作的实效，建议中央政府尽快制定和发布地方政府纾困民营企业的细则性文件，从而加强对地方政府选择纾困对象的规范和约束。中央政府部门可以组织专门人员就此事项进行调研，在总结实践经验的基础上制定关于地方政府纾困民营企业的细则性文件，重点规定选择纾困对象的具体标准，并规定纾困的具体工作机制。其中关于地方政府选择纾困对象的细则规定，应当与中央已经提出的“重点选择方向”保持一致，并在此基础上明确规定纾困目标企业的具体入选条件，可以既列出民营企业获取地方政府纾困的必备性条件，也列出若干优先性条件，从而实现纾困对象标准的明确具体，最大限度地减少主观随意性。

第三，地方政府要进一步加强对民营企业的权益保护，真正落实党的十八届三中全会要求的“权利平等、机会平等、规则平等”。

本书所研究的地方政府纾解民营企业股权质押风险问题，从一个侧面揭示了民营企业在国民经济中应当享有的重要地位和作用以及民营企业实际上仍然面临的发展障碍和困难。从顶层设计层面来看，党和国家高层一再强调并不断加码要平等保护公有制经济和非公有制经济，改革开放以来我国民营经济的地位经历了从公有制经济的“有益补充”到社会主义市场经济“重要组成部分”，再到“两个毫不动摇”这样一个发展过程，总体上呈现“不断提升”的态势，可以说中国改革开放的历史就是一部民营经济不断发展壮大，争取合法身份成为“市场经济主体”的“正名史”（李清亮，2012）。但是从实践层面来看，民营企业因为与国有企业的身份差异而遭受歧视的现象仍然存在，民营企业在获取资源、资金等方面所享受的待遇仍然低于国有企业，从而影响了民营企业的发展壮大。甚至近年来有些人利用我国民营经济发展中出现的一些问题、瓶颈和不足，抛出一些否定、怀疑民营经济地位和作用的错误言论和观点（江剑平等，2020），诸如“民营经济离场论”“新一轮公私合营”，企图干扰党和国家关于促进民营经济发展的大政方针。

民营企业在我国的这种政策定位与实际处境之间的反差，表明加强对民营企业的保护、促进民营经济的发展壮大是一项意义重大而又任重道远的艰巨工作，今后需要不断强调、狠抓落实。地方政府今后应当坚决摒弃偏爱公有制经济、歧视民营经济的落后观念，深化政府“简政放权”改革，让市场在经济资源配置中发挥更强作用，加强民营企业产权保护，在企业融资、市场准入等方面为民营企业的发展提供市场化、法治化的良好营商环境，必要时对陷入困难的民营企业要予以帮扶。

第四，民营企业要注意防止过度的股权质押融资，防范股权质押风险，同时政府监管部门也要加强对股权质押风险的管控。

虽然股权质押融资具有方便快捷、灵活性强、融资成本适中且不影响控股股东对公司的控制权等优点，因而备受民营企业及其大股东的青睐。但是股权质押本身是一种蕴含着较大风险的融资方式。过去一段时期，一些民营上市公司在“融资难、融资贵”的大背景下，风险意识不足，实行过度的股权质押融资，甚至出现“无股不押”的乱象，埋下了很大风险，一旦经营不利就可能导致股权质押危机。特别是在2015年股灾之后的几年中，由于遭受股市低迷行情和金融领域推行降杠杆、严监管政策的影响，长期积累的股权质押风险纷纷暴露，一些过度股权质押的民营企业陷入了严重的股权质押危机。

本书所研究的地方政府纾解民营企业股权质押风险就是在上述股权质押风险大量爆发的背景下所进行的政府扶持行动。前事不忘，后事之师。今后，民营企业在开展股权质押融资业务的过程中，应当强化风险意识，积极防范风险于未然，保持对股权质押融资风险的敬畏之心，不宜从事过度的股权质押融资，切实防止股权质押风险的积聚和爆发。同时，政府监管部门也要加强对股权质押融资业务的监管，完善股权质押融资的相关制度和操作规程，一方面要采取适当措施逐步化解存量的股权质押风险，防止股权质押风险的大量爆发；另一方面要适当提高股权质押融资的准入门槛，适度降低股权质押融资的"杠杆"，尽量控制增量股权质押风险的产生。笔者注意到，经中国证监会批准，上海证券交易所、深圳证券交易所会同中国证券登记结算有限责任公司分别发布的《股票质押式回购交易及登记结算业务办法（2018 年修订)》贯彻了国家关于金融去杠杆、防范化解重大金融风险的政策精神，加强了对股权质押融资业务的风险管控。此项政策改革值得充分肯定，建议监管部门今后在股权质押业务领域要继续保持定力，继续坚持和贯彻"降杠杆、严监管、防风险"的政策方向。

第五，政府官员与民营企业家要努力构建亲清新型政商关系。

本书的研究表明，经济关联对民营企业获取地方政府的纾困资源具有促进作用，但是这也给涉及政府扶持工作的地方政府官员和民营企业家如何正确处理好彼此之间的政商关系提出了新的挑战和考验，要求政府官员和民营企业家双方都应当认真学习和深刻领会中央领导关于新时代正确处理政商关系的科学理念，努力构建亲清新型政商关系。

2016 年 3 月 4 日，习近平总书记在看望出席全国政协十二届四次会议的民建、工商联委员并参加他们的小组讨论时，提出了"新型政商关系"的理念，并用"亲"和"清"两个字进行了概括。对领导干部而言，所谓"亲"，就是坦荡真诚同民营企业接触交往，特别是在民营企业遇到困难和问题情况下更要积极作为、靠前服务，对非公有制经济人士多关注、多谈心、多引导，帮助解决实际困难，真心实意支持民营经济发展。所谓"清"，就是同民营企业家的关系要清白、纯洁，不能有贪心私心，不能以权谋私，不能搞权钱交易。对民营企业家而言，所谓"亲"，就是积极主动同各级党委和政府及部门多沟通多交流，讲真话，说实情，建诤言，满腔热情支持地方发展。所谓“清”，就是要洁身自好、走正道，做到遵纪守法办企业、光明正大搞经营。2017 年 10 月，习近平总书记在党的十九大报告中指出：“构建亲清新型政商关系，促进非公有制经济健康发展和非公有制经济人士健康成长。”由此，构建亲清新型政商关系成为引领政府官员和民营企业处理相互关系的基本理念。

“亲”“清”新型政商关系不仅是转变政府职能、重塑政府和市场关系的内在要求，也是民营企业应对政策不确定性以及经营风险的最好依托。政府官员和民营企业家在构建新时代所倡导的亲清新型政商关系的过程中，需要注重的是政治生态与商业生态的同步优化，要求对“亲”和“清”两个方面并重。一方面，政府官员与民营企业家之间要守住底线、把好分寸，不得有徇私舞弊和钱权交易；另一方面，政府官员要关心民营企业的经营和发展，积极为民营企业服务，民营企业家也要善于与政府官员经常沟通，合理反映诉求。

9.3　研究不足及未来研究展望

9.3.1　研究不足

本书基于民营企业股权质押数据，从经济关联的视角理论分析并实证检验了地方政府纾解民营企业股权质押风险的影响因素，并在此基础上考察了地方政府纾困民营企业的效果。但是，囿于研究主题、客观条件以及自身水平的限制，本书存在以下不足之处：

第一，本书只从经济关联的视角研究了地方政府纾困民营企业的影响因素及效果，未能结合公司资质、发展前景、社会责任等方面多视角地研究地方政府纾困民营企业的影响因素。

第二，受制于时间周期尚短，本书只根据短期数据考察了地方政府纾困民营企业的短期效果，未能考察纾困给民营企业带来的中长期效果，包括能否提升被纾困的民营企业的公司治理水平、能否改善该民营企业的投资效率和经营绩效等问题。

第三，本书只从纾困对象这一方研究了获得地方政府纾困的民营企业的股权质押风险是否得到了缓解的问题，未能从纾困主体这一方研究纾困基金的投资方式、经营特点、经营绩效和退出问题。

9.3.2 未来研究展望

针对上述研究局限，未来可能的研究方向是：

第一，探讨民营企业的资质状况、社会责任、产业前景、内部治理水平等特征对民营企业获取地方政府纾困的影响。例如，可以从民营企业解决的就业人数、缴纳的税收、作出的慈善捐赠、环保投资等方面研究地方政府纾困民营企业的对象选择问题。

第二，继续跟踪研究地方政府纾困民营企业后的中长期效果，研究地方政府纾困能否提升被纾困的民营企业的公司治理水平、能否改善该民营企业的投资效率和经营绩效等问题。

第三，研究纾困基金的纾困方式、投资偏好、经营特点、经营绩效和退出等问题。

参考文献

[1] 艾大力，王斌．论大股东股权质押与上市公司财务：影响机理与市场反应［J］．北京工商大学学报，2012（4）：72—76.

[2] 白俊，连立帅．信贷资金配置差异：所有制歧视抑或禀赋差异？［J］．管理世界，2012（6）：30—42 + 73.

[3] 陈德萍，陆星廷．股权质押与盈余管理的关系研究——基于创业板上市公司的实证检验［J］．会计研究，2017（5）：39—44 + 88.

[4] 陈晓，李静．地方政府财政行为在提升上市公司业绩中的作用探析［J］．会计研究，2001（12）：20—29.

[5] 陈耿，刘星，辛清泉．信贷歧视、金融发展与民营企业银行借款期限结构［J］．会计研究，2015（4）：40—46.

[6] 陈尧，马梦妤．项目制政府购买的逻辑：诱致性社会组织的"内卷化"［J］．上海交通大学学报（哲学社会科学版），2019（4）：108—119.

[7] 陈建勇，王东静，张景青．公司债务期限结构与投资效率［J］．数量经济技术经济研究，2009（4）：80—92.

[8] 陈冬华．地方政府、公司治理与补贴收入——来自我国证券市场的经验证据［J］．财经研究，2003（9）：15—21.

[9] 陈艳利，赵红云，戴静静．政府干预、产权性质与企业脱困［J］．经济学动态，2015（7）：80—90.

[10] 陈宏辉，贾生华．企业社会责任观的演进与发展：基于综合性社会契约的理解［J］．中国工业经济，2003（12）：85—92.

[11] 陈宏辉，贾生华．企业利益相关者三维分类的实证分析[J]．经济研究，2004（4）：80—90.

[12] 陈建林．家族所有权与非控股国有股权对企业绩效的交互效应研究——互补效应还是替代效应[J]．中国工业经济，2015（12）：99—114.

[13] 陈爽英，井润田，龙小宁，邵云飞．民营企业家社会关系资本对研发投资决策影响的实证研究[J]．管理世界，2010（1）：88—97.

[14] 蔡洁．基于制度差异视角的贸易摩擦分析[J]．经济经纬，2007（3）：45—48.

[15] 曹丰，李珂．控股股东股权质押与上市公司审计意见购买[J]．审计研究，2019（2）：108—118.

[16] 曹丰，鲁冰，李争，光徐凯．机构投资者降低了股价崩盘风险吗？[J]．会计研究，2015（11）：55—61+97.

[17] 程六兵，刘峰．银行监管与信贷歧视——从会计稳健性的视角[J]．会计研究，2013（1）：28—34.

[18] 程天笑，刘莉亚，关益众．QFII与境内机构投资者羊群行为的实证研究[J]．管理科学，2014（4）：110—122.

[19] 邓路，刘瑞琪，江萍．公司超额银行借款会导致过度投资吗？[J]．金融研究，2017（10）：115—129.

[20] 邓路，刘瑞琪，廖明情．宏观环境、所有制与公司超额银行借款[J]．管理世界，2016（9）：149—160.

[21] 邓建平，曾勇．政治关联能改善民营企业的经营绩效吗[J]．中国工业经济，2009（2）：98—108.

[22] 邓建平，曾勇．金融关联能否缓解民营企业的融资约束[J]．金融研究，2011（8）：78—92.

[23] 戴小勇，成力为．财政补贴政策对企业研发投入的门槛效应[J]．科研管理，2014（6）：68—76.

[24] 戴文涛，马超. 企业控股金融机构、债务治理与代理成本[J]. 财经问题研究，2015 (8)：42—49.

[25] 戴亦一，潘越，冯舒. 中国企业的慈善捐赠是一种“政治献金”吗？——来自市委书记更替的证据 [J]. 经济研究，2014 (2)：74—86.

[26] 邓博夫，刘佳伟，吉利. 政府补助是否会影响企业避税行为？[J]. 财经研究，2019 (1)：109—121.

[27] 杜兴强，郭剑花，花雷宇. 大股东资金占用、外部审计与公司治理 [J]. 经济管理，2010 (1)：111—117.

[28] 杜兴强，郭剑花，雷宇. 政治联系方式与民营上市公司业绩：“政府干预”抑或“关系”？ [J]. 金融研究，2009 (11)：158—173.

[29] 杜兴强，郭剑花，雷宇. 政治联系方式与民营企业捐赠：度量方法与经验证据 [J]. 财贸研究，2010 (1)：89—99.

[30] 邓汉慧，赵曼. 企业核心利益相关者的利益要求——紫金矿业案例分析 [J]. 中国工业经济，2007 (8)：122—128.

[31] 丹尼尔·F. 史普博. 管制与市场 [M]. 上海：上海人民出版社，1999.

[32] 方军雄. 所有制、制度环境与信贷资金配置 [J]. 经济研究，2007 (12)：82—92.

[33] 方军雄. 市场化进程与资本配置效率的改善 [J]. 经济研究，2006 (5)：50—61.

[34] 方军雄. 政府干预、所有权性质与企业并购 [J]. 管理世界，2008 (9)：118—123 + 148 + 188.

[35] 樊纲，王小鲁，张立文，朱恒鹏. 中国各地区市场化相对进程报告 [J]. 经济研究，2003 (3)：9—18 + 89.

[36] 樊纲，王小鲁，马光荣. 中国市场化进程对经济增长的贡献 [J]. 经济研究，2011 (9)：4—16.

[37] 封思贤，蒋伏心，肖泽磊．企业政治关联行为研究述评与展望 [J]．外国经济与管理，2012 (12)：63—70.

[38] 冯延超．中国民营企业政治关联与税收负担关系的研究 [J]．管理评论，2012 (6)：167—176.

[39] 冯晓晴，文雯，何瑛．控股股东股权质押会损害资本市场信息效率吗？——来自股价同步性的经验证据 [J]．审计与经济研究，2020 (1)：79—89.

[40] 富钰媛，苑泽明．兼济天下还是独善其身——大股东股权质押与慈善捐赠 [J]．当代财经，2019 (7)：118—129.

[41] 郭剑花，杜兴强．政治联系、预算软约束与政府补助的配置效率——基于中国民营上市公司的经验研究 [J]．金融研究，2011 (2)：114—128.

[42] 郭丽虹，徐晓萍．中小企业融资约束的影响因素分析[J]．南方经济，2012 (12)：36—48.

[43] 郭杰，王宇澄，曾博涵．国家产业政策、地方政府行为与实际税率——理论分析和经验证据 [J]．金融研究，2019 (4)：56—74.

[44] 郭琳．民营企业纾困：由来、实践与进路 [J]．经济研究参考，2019 (15)：107—116.

[45] 郭斌．企业债务融资方式选择研究 [M]．成都：西南财经大学出版社，2006.

[46] 高勇强，何晓斌，李路路．民营企业家社会身份、经济条件与企业慈善捐赠 [J]．经济研究，2011 (12)：111—123.

[47] 何平林，辛立柱，潘哲煜，李涛．上市公司股票送转行为动机研究——基于股权质押融资视角的证据 [J]．会计研究，2018 (3)：57—63.

[48] 何威风，刘怡君，吴玉宇．大股东股权质押和企业风险承担研究 [J]．中国软科学，2018 (5)：110—122.

[49] 胡志鹏. “稳增长”与“控杠杆”双重目标下的货币当局最优政策设定 [J]. 经济研究, 2014 (12): 60—71+184.

[50] 胡旭阳, 史晋川. 民营企业的政治资源与民营企业多元化投资——以中国民营企业500强为例 [J]. 中国工业经济, 2008 (4): 5—14.

[51] 胡珺, 彭远怀, 宋献中, 周林子. 控股股东股权质押与策略性慈善捐赠——控制权转移风险的视角 [J]. 中国工业经济, 2020 (2): 174—192.

[52] 胡启明, 马如飞, 王国顺. 债务期限结构与企业投资关系——基于流动性风险视角的实证研究 [J]. 系统工程, 2015 (4): 24—31.

[53] 韩春明. 经济周期中我国民营企业融资难问题研究 [D]. 首都经济贸易大学博士论文, 2014.

[54] 韩超, 肖兴志, 李姝. 产业政策如何影响企业绩效: 不同政策与作用路径是否存在影响差异? [J]. 财经研究, 2017 (1): 122—133.

[55] 韩超. 战略性新兴产业政策依赖性探析——来自地方政府补贴视角的实证检验 [J]. 经济理论与经济管理, 2014 (11): 57—71.

[56] 侯青川, 靳庆鲁, 陈明端. 经济发展、政府偏袒与公司发展——基于政府代理问题与公司代理问题的分析 [J]. 经济研究, 2015 (1): 140—152.

[57] 何瑛, 张大伟. 管理者特质、负债融资与企业价值 [J]. 会计研究, 2015 (8): 65—72+97.

[58] 何镜清, 李善民, 周小春. 民营企业家的政治关联、贷款融资与公司价值 [J]. 财经科学, 2013 (1): 83—91.

[59] 胡旭阳. 民营企业家的政治身份与民营企业的融资便利——以浙江省民营百强企业为例 [J]. 管理世界, 2006 (5):

107—113 + 141.

[60] 黄永春，姚远虎，徐军海，胡世亮．规模扩张还是产品研发？——创业资助对新生企业家创业导向的影响 [J]．科学学研究，2020 (2)：296—305.

[61] 郝阳，龚六堂．国有、民营混合参股与公司绩效改进[J]．经济研究，2017 (3)：122—135.

[62] 郝项超，梁琪．最终控制人股权质押损害公司价值么？[J]．会计研究，2009 (7)：57—63 + 96.

[63] 贾明，张喆．高管的政治关联影响公司慈善行为吗？[J]．管理世界，2010 (4)：99—113 + 187.

[64] 江伟，李斌．金融发展与企业债务融资 [J]．中国会计评论，2006 (2)：255—276.

[65] 江雅雯，黄燕，徐雯．政治联系、制度因素与企业的创新活动 [J]．南方经济，2011 (11)：3—15.

[66] 姜军，江轩宇，伊志宏．企业创新效率研究——来自股权质押的影响 [J]．金融研究，2020 (2)：128—146.

[67] 金宇超，施文，唐松，靳庆鲁．产业政策中的资金配置：市场力量与政府扶持 [J]．财经研究，2018 (4)：4—19.

[68] 孔东民，刘莎莎，王亚男．市场竞争、产权与政府补贴 [J]．经济研究，2013 (2)：55—67.

[69] 孔东民，李天赏．政府补贴是否提升了公司绩效与社会责任？[J]．证券市场导报，2014 (6)：26—31 + 62.

[70] 康继军，王卫，傅蕴英．中国各地区市场化进程区位分布的空间效应研究 [J]．统计研究，2009 (5)：33—40.

[71] 柯艳蓉，李玉敏．控股股东股权质押、投资效率与公司期权价值 [J]．经济管理，2019 (12)：123—139.

[72] 雒敏，麦海燕．审计意见、审计质量与债务期限结构——基于我国上市公司的经验证据 [J]．经济管理，2011 (7)：

121—130.

[73] 梁莱歆，冯延超．政治关联与企业过度投资——来自中国民营上市公司的经验证据［J］．经济管理，2010（12）：56—62.

[74] 黎来芳．商业伦理、诚信义务与不道德控制——鸿仪系"掏空"上市公司的案例研究［J］．会计研究，2005（11）：8—14.

[75] 黎来芳，陈占燎．控股股东股权质押降低信息披露质量吗？［J］．科学决策，2018（8）：1—20.

[76] 林毅夫，李周．竞争、政策性负担和国有企业改革［J］．经济社会体制比较，1998（5）：3—5.

[77] 林毅夫，李志赟．政策性负担、道德风险与预算软约束［J］．经济研究，2004（2）：17—27.

[78] 罗党论，甄丽明．民营控制、政治关系与企业融资约束——基于中国民营上市公司的经验证据［J］．金融研究，2008（12）：164—178.

[79] 罗党论，唐清泉．政治关系、社会资本与政策资源获取：来自中国民营上市公司的经验证据［J］．世界经济，2009（7）：84—96.

[80] 罗党论，唐清泉．市场环境与控股股东"掏空"行为研究——来自中国上市公司的经验证据［J］．会计研究，2007（4）：69—74 +96.

[81] 罗党论，黄琼宇．民营企业的政治关系与企业价值［J］．管理科学，2008（6）：21—28.

[82] 罗宏，秦际栋．国有股权参股对家族企业创新投入的影响［J］．中国工业经济，2019（7）：174—192.

[83] 陆正飞，辛宇．上市公司资本结构主要因素之实证研究［J］．会计研究，1998（8）：35—37.

[84] 陆正飞，祝继高，樊铮．银根紧缩、信贷歧视与民营上市公司投资者利益损失［J］．金融研究，2009（8）：124—136.

[85] 逯东，付鹏，杨丹．媒体类型、媒体关注与上市公司内部控制质量［J］．会计研究，2015（4）：78—85+96.

[86] 柳光强．税收优惠、财政补贴政策的激励效应分析——基于信息不对称理论视角的实证研究［J］．管理世界，2016（10）：62—71.

[87] 刘义圣．中国资本市场的制度缺陷与制度创新［J］．社会科学研究，2003（6）：39—42.

[88] 刘晓光，刘元春．杠杆率、短债长用与企业表现［J］．经济研究，2019（7）：127—141.

[89] 刘小玄，周晓艳．金融资源与实体经济之间配置关系的检验——兼论经济结构失衡的原因［J］．金融研究，2011（2）：57—70.

[90] 刘行，李小荣．金字塔结构、税收负担与企业价值：基于地方国有企业的证据［J］．管理世界，2012（8）：91—105.

[91] 刘慧龙，张敏，王亚平，吴联生．政治关联、薪酬激励与员工配置效率［J］．经济研究，2010（9）：109—121+136.

[92] 刘南希，李戎．金融压力、所有制结构与银行风险承担——基于中国影子银行活动的实证研究［J］．经济理论与经济管理，2020（2）：73—86.

[93] 刘林．基于信号理论视角下的企业家政治联系与企业市场绩效的关系研究［J］．管理评论，2016（3）：93—105.

[94] 刘瑞明．金融压抑、所有制歧视与增长拖累——国有企业效率损失再考察［J］．经济学（季刊），2011（2）：603—618.

[95] 刘鳃，孟勇．市场化进程如何影响地区产业集聚的创新绩效——来自中国高技术行业的经验证据［J］．经济经纬，2020（1）：105—113.

[96] 连军，刘星，杨晋渝．政治联系、银行贷款与公司价值［J］．南开管理评论，2011（5）：48—57.

[97] 吕朝凤，朱丹丹．市场化改革如何影响长期经济增长？——基于市场潜力视角的分析 [J]. 管理世界，2016 (2)：32—44.

[98] 林毅夫，李永军．中小金融机构发展与中小企业融资[J]. 经济研究，2001 (1)：10—18 +53.

[99] 林毅夫，刘明兴，章齐．政策性负担与企业的预算软约束：来自中国的实证研究 [J]. 管理世界，2004 (8)：81—89 +127.

[100] 林毅夫、蔡方、李周．充分信息与国有企业改革 [M]. 上海：上海人民出版社，1997.

[101] 梁建，陈爽，英盖庆恩．民营企业的政治参与、治理结构与慈善捐赠 [J]. 管理世界，2010 (7)：109—118.

[102] 鲁丹，肖华荣．银行市场竞争结构、信息生产和中小企业融资 [J]. 金融研究，2008 (5)：107—113.

[103] 梁帅．地方政府债务管理、财政政策转向与经济增长 [J]. 管理世界，2017 (4)：174—175.

[104] 李增泉，辛显刚，于旭辉．金融发展、债务融资约束与金字塔结构——来自民营企业集团的证据 [J]. 管理世界，2008 (1)：123—135 +188.

[105] 李维安，王鹏程，徐业坤．慈善捐赠、政治关联与债务融资——民营企业与政府的资源交换行为 [J]. 南开管理评论，2015 (1)：4—14.

[106] 李维安，邱艾超．民营企业治理转型、政治联系与公司业绩 [J]. 管理科学，2010 (4)：2—14.

[107] 李增福，汤旭东，连玉君．中国民营企业社会责任背离之谜 [J]. 管理世界，2016 (9)：136—148 +160 +188.

[108] 李健，陈传明，孙俊华．企业家政治关联、竞争战略选择与企业价值——基于上市公司动态面板数据的实证研究 [J]. 南开管理评论，2012 (6)：147—157.

[109] 李元旭，宋渊洋．地方政府通过所得税优惠保护本地企业吗——来自中国上市公司的经验证据［J］．中国工业经济，2011（5）：149—159.

[110] 李永伟，李若山．上市公司股权质押下的“隧道挖掘”——明星电力资金黑洞案例分析［J］．财务与会计，2007（1）：39—42.

[111] 李广杰，花小安，侯效敏．地方政府投资行为、规制与经济增长——“转型期中国地方政府投资行为及其规制”研讨会综述［J］．经济研究，2009（6）：155—158.

[112] 李斌，江伟．金融发展、融资约束与企业成长［J］．南开经济研究，2006（3）：67—78.

[113] 李方方，魏伟，王周伟．系统重要性地方政府综合识别研究——基于个体风险与信息传染风险视角［J］．财经理论与实践，2020（1）：78—85.

[114] 李姝，谢晓嫣．民营企业的社会责任、政治关联与债务融资——来自中国资本市场的经验证据［J］．南开管理评论，2014（6）：30—40.

[115] 李常青，李宇坤，李茂良．控股股东股权质押与企业创新投入［J］．金融研究，2018（7）：143—157.

[116] 李常青，幸伟，李茂良．控股股东股权质押与现金持有水平：“掏空”还是“规避控制权转移风险”［J］．财贸经济，2018（4）：82—98.

[117] 李常青，幸伟．控股股东股权质押与上市公司信息披露［J］．统计研究，2017（12）：75—86.

[118] 李梦雅，严太华，郝晨．债务结构、产权性质与公司成长性［J］．重庆大学学报（社会科学版），2018（5）：80—94.

[119] 李琪，杨红芬．债务期限结构影响公司价值吗？［J］．经济问题，2011（8）：9—13.

[120] 李静，楠玉，刘霞辉．中国经济稳增长难题：人力资本错配及其解决途径［J］．经济研究，2017（3）：18—31.

[121] 李旎，郑国坚．市值管理动机下的控股股东股权质押融资与利益侵占［J］．会计研究，2015（5）：42—49+94.

[122] 李瑞涛，酒莉莉．控股股东股权质押会“诱发”上市公司违规吗？［J］．产业经济评论，2018（1）：95—116.

[123] 李广子，刘力．债务融资成本与民营信贷歧视［J］．金融研究，2009（12）：137—150.

[124] 廖珂，崔宸瑜，谢德仁．控股股东股权质押与上市公司股利政策选择［J］．金融研究，2018（4）：172—189.

[125] 毛锐，刘楠楠，刘蓉．地方政府债务扩张与系统性金融风险的触发机制［J］．中国工业经济，2018（4）：19—38.

[126] 马连福，曹春方．制度环境、地方政府干预、公司治理与IPO募集资金投向变更［J］．管理世界，2011（5）：127—139+148+188.

[127] 缪小林，赵一心．地方债对地区全要素生产率增长的影响——基于不同财政独立性的分组考察［J］．财贸经济，2019（12）：50—64.

[128] 欧阳才越，谢妍，熊家财．控股股东股权质押与新发行公司债券定价［J］．山西财经大学学报，2018（1）：26—38.

[129] 潘克勤．法制环境及金融发展、企业的金融机构背景与融资约束——中国民营上市公司的经验证据［J］．经济经纬，2011（1）：68—73.

[130] 潘红波，夏新平，余明桂．政府干预、政治关联与地方国有企业并购［J］．经济研究，2008（4）：41—52.

[131] 潘越，戴亦一，李财喜．政治关联与财务困境公司的政府补助——来自中国ST公司的经验证据［J］．南开管理评论，2009（5）：6—17.

[132] 潘越，戴亦一，吴超鹏，刘建亮．社会资本、政治关系与公司投资决策［J］．经济研究，2009（11）：82—94.

[133] 钱爱民，张晨宇．股权质押与信息披露策略［J］．会计研究，2018（12）：34—40.

[134] 钱爱民，张晨宇，步丹璐．宏观经济冲击、产业政策与地方政府补助［J］．产业经济研究，2015（5）：73—82.

[135] 宋增基，冯莉茗，谭兴民．国有股权，民营企业家参政与企业融资便利性——来自中国民营控股上市公司的经验证据［J］．金融研究，2014（12）：133—147.

[136] 孙铮，刘凤委，李增泉．市场化程度、政府干预与企业债务期限结构——来自我国上市公司的经验证据［J］．经济研究，2005（5）：52—63.

[137] 沈冰，陈锡娟．股权质押、投资者情绪与股价崩盘风险［J］．财经问题研究，2019（9）：72—79.

[138] 邵云飞，李刚磊，徐赛．参与混合所有制改革能否促进民营企业创新——来自中国民营上市公司的经验证据［J］．管理学季刊，2019（2）：63—88.

[139] 沈红波，寇宏，张川．金融发展、融资约束与企业投资的实证研究［J］．中国工业经济，2010（6）：55—64.

[140] 沈坤荣，赵亮．中国民营企业融资困境及其应对［J］．江海学刊，2019（1）：92—98.

[141] 邵敏，包群．地方政府补贴企业行为分析：扶持强者还是保护弱者？［J］．世界经济文汇，2011（1）：56—72.

[142] 孙立平．实践社会学与市场转型过程分析［J］．中国社会科学，2002（5）：83—96.

[143] 苏婧，李思瑞，杨震宁．“歧路亡羊”：政府采购、股票投资者关注与高技术企业创新——基于A股软件企业的实证研究［J］．科学学与科学技术管理，2017（5）：37—48.

[144] 史永东，王谨乐．中国机构投资者真的稳定市场了吗？[J]．经济研究，2014（12）：100—112.

[145] 沈艺峰，陈旋．无绩效考核下外部独立董事薪酬的决定[J]．南开管理评论，2016（2）：4—18.

[146] 时红秀．地方政府经济竞争：理论演进和中国的实践[J]．国家行政学院学报，2007（5）：91—94.

[147] 唐清泉，罗党论．政府补贴动机及其效果的实证研究——来自中国上市公司的经验证据[J]．金融研究，2007（6）：149—163.

[148] 唐玮，夏晓雪，姜付秀．控股股东股权质押与公司融资约束[J]．会计研究，2019（6）：51—57.

[149] 唐建新，陈冬．金融发展与融资约束[J]．财贸研究，2009（5）：5—11.

[150] 唐建新，卢剑龙，余明桂．银行关系、政治联系与民营企业贷款——来自中国民营上市公司的经验证据[J]．经济评论，2011（3）：51—58+96.

[151] 佟岩，华晨，宋吉文．定向增发整体上市、机构投资者与短期市场反应[J]．会计研究，2015（10）：74—81+97.

[152] 谭劲松，郑国坚．产权安排、治理机制、政企关系与企业效率——以“科龙”和“美的”为例[J]．管理世界，2004（2）：104—116+156.

[153] 王斌，蔡安辉，冯洋．控股股东股权质押、控制权转移风险与公司业绩[J]．系统工程理论与实践，2013（7）：1762—1773.

[154] 王斌，宋春霞．控股股东股权质押、股权性质与盈余管理方式[J]．华东经济管理，2015（8）：118—128.

[155] 王雄元，欧阳才越，史震阳．股权质押、控制权转移风险与税收规避[J]．经济研究，2018（1）：138—152.

[156] 王化成，王欣，高升好．控股股东股权质押会增加企业权益资本成本吗——基于中国上市公司的经验证据［J］．经济理论与经济管理，2019（11）：14—31.

[157] 王克敏，刘静，李晓溪．产业政策、政府支持与公司投资效率研究［J］．管理世界，2017（3）：113—124+145.

[158] 王克敏，杨国超，刘静，李晓溪．IPO资源争夺、政府补助与公司业绩研究［J］．管理世界，2015（9）：147—157.

[159] 王文甫，明娟，岳超云．企业规模、地方政府干预与产能过剩［J］．管理世界，2014（10）：17—36+46.

[160] 王博，李力，郝大鹏．货币政策不确定性、违约风险与宏观经济波动［J］．经济研究，2019（3）：119—134.

[161] 王家庭，赵亮．我国上市公司的融资约束及其影响因素的实证分析［J］．产业经济研究，2010（3）：77—84.

[162] 王利平，高伟，张学勇．民营企业政治关联：一个多视角的分析［J］．商业经济与管理，2010（12）：18—23.

[163] 王俊豪．《民营经济进入垄断行业的制度性壁垒》评介［J］．中国工业经济，2011（3）：158.

[164] 王建新，饶育蕾，彭叠峰．什么导致了股票收益的“媒体效应”：预期关注还是未预期关注？［J］．系统工程理论与实践，2015（1）：37—48.

[165] 王守坤，任保平．财政联邦还是委托代理：关于中国式分权性质的经验判断［J］．管理世界，2017（11）：29—40+187.

[166] 王红建，李青原，刘放．政府补贴：救急还是救穷——来自亏损类公司样本的经验证据［J］．南开管理评论，2015（5）：42—53.

[167] 王永进，盛丹．政治关联与企业的契约实施环境［J］．经济学（季刊），2012（4）：1193—1218.

[168] 王珏，骆力前，郭琦．地方政府干预是否损害信贷配置

效率？[J]. 金融研究，2015（4）：99—114.

[169] 王小鲁，樊纲，余静文. 中国分省份市场化指数报告（2016）[M]. 北京：社会科学文献出版社，2017.

[170] 吴文锋，吴冲锋，刘晓薇. 中国民营上市公司高管的政府背景与公司价值 [J]. 经济研究，2008（7）：130—141.

[171] 吴文锋，吴冲锋，芮萌. 中国上市公司高管的政府背景与税收优惠 [J]. 管理世界，2009（3）：134—142.

[172] 伍健，高勇强，辛明磊. 政府如何影响民营企业慈善捐赠？——对多重政府角色的实证考察 [J]. 预测，2016（4）：35—41+56.

[173] 吴梓境，张波. 纾困基金的运行机理、投资模式与创新路径 [J]. 河北经贸大学学报，2019（3）：40—46+67.

[174] 夏常源，贾凡胜. 控股股东股权质押与股价崩盘："实际伤害"还是"情绪宣泄"[J]. 南开管理评论，2019（5）：165—177.

[175] 夏一丹，肖思瑶，夏云峰. 大股东股权质押影响了公司业绩吗——来自沪深A股上市公司的经验证据 [J]. 财经科学，2019（10）：59—70.

[176] 许罡，朱卫东，张子余. 财政分权、企业寻租与地方政府补助——来自中国资本市场的经验证据 [J]. 财经研究，2012（12）：120—127.

[177] 夏立军，陈信元. 市场化进程、国企改革策略与公司治理结构的内生决定 [J]. 经济研究，2007（7）：82—95+136.

[178] 熊琛，金昊. 地方政府债务风险与金融部门风险的"双螺旋"结构——基于非线性DSGE模型的分析 [J]. 中国工业经济，2018（12）：23—41.

[179] 项松林，魏浩. 流动性约束对企业生产率的影响 [J]. 统计研究，2014（3）：27—36.

[180] 夏雪花. 债务期限约束影响高管超额薪酬吗？[J]. 财经

问题研究，2013（11）：122—127.

［181］许宪春，吕峰．改革开放40年来中国国内生产总值核算的建立、改革和发展研究［J］．经济研究，2018（8）：4—19.

［182］辛鸣．制度评价的标准选择及其哲学分析［J］．中国人民大学学报，2005（5）：95—102.

［183］谢德仁，郑登津，崔宸瑜．控股股东股权质押是潜在的“地雷”吗？——基于股价崩盘风险视角的研究［J］．管理世界，2016（5）：128—140.

［184］谢德仁，廖珂．控股股东股权质押与上市公司真实盈余管理［J］．会计研究，2018（8）：21—27.

［185］谢德仁，何贵华，廖珂．券商的股权质押业务与其分析师荐股评级的乐观偏差［J］．会计研究，2019（8）：18—24.

［186］余明桂，回雅甫，潘红波．政治联系、寻租与地方政府财政补贴有效性［J］．经济研究，2010（3）：65—77.

［187］余明桂，潘红波．政治关系、制度环境与民营企业银行贷款［J］．管理世界，2008（8）：9—21+39.

［188］余汉，杨中仑，宋增基．国有股权能够为民营企业带来好处吗？——基于中国上市公司的实证研究［J］．财经研究，2017（4）：109—119.

［189］余汉，杨中仑，宋增基．国有股权、政治关联与公司绩效——基于中国民营控股上市公司的实证研究［J］．管理评论，2017（4）：196—212.

［190］杨瑞龙，周业安．论利益相关者合作逻辑下的企业共同治理机制［J］．中国工业经济，1998（1）：38—45.

［191］尹开国，梁志钢，杨自业．企业社会责任研究：现状评价与未来趋势［J］．预测，2011（4）：75—81.

［192］杨芷晴，张帆，张友斗．竞争性领域政府补助如何影响企业创新［J］．财贸经济，2019（9）：132—145.

[193] 杨宇焰，雷翔，卢鹏宇．僵尸企业进入破产处置面临的问题、障碍及政策建议——来自企业与银行的经验证据 [J]．当代经济管理，2018 (5)：1—8.

[194] 杨其静．企业成长：政治关联还是能力建设？[J]．经济研究，2011 (10)：54—66 +94.

[195] 于蔚，汪淼军，金祥荣．政治关联和融资约束：信息效应与资源效应 [J]．经济研究，2012 (9)：125—139.

[196] 杨继生，黎娇龙．制约民营制造企业的关键因素：用工成本还是宏观税负？[J]．经济研究，2018 (5)：103—117.

[197] 杨星，田高良，司毅，M. M. FONSEKA. 所有权性质、企业政治关联与定向增发——基于我国上市公司的实证分析 [J]．南开管理评论，2016 (1)：134—141.

[198] 杨秋菊，邓小华．欧元诞生、欧债危机及纾困博弈路径 [J]．财经科学，2015 (9)：1—11.

[199] 杨小勇．企业转制过程中的国有资本流失机理分析 [J]．经济问题，2007 (12)：69—71.

[200] 姚梅洁，宋增基，张宗益．制度负外部性与市场主体的应对——来自中国民营企业的经验证据 [J]．管理世界，2019 (11)：158—173.

[201] 翟胜宝，许浩然，刘耀淞，唐玮．控股股东股权质押与审计师风险应对 [J]．管理世界，2017 (10)：51—65.

[202] 张俊瑞，余思佳，程子健．控股股东股权质押会影响审计师决策吗？——基于审计费用与审计意见的证据 [J]．审计研究，2017 (3)：65—73.

[203] 张伟，王海洋．债务期限保证作用的传导机制研究 [J]．经济管理，2013 (7)：104—111.

[204] 张敏，黄继承．政治关联、多元化与企业风险——来自我国证券市场的经验证据 [J]．管理世界，2009 (7)：156—164.

[205] 张耀伟. 政府权力与民营经济演进路径 [J]. 经济理论与经济管理，2006 (9): 18—23.

[206] 张雪莹，王聪聪. 控股股东股权质押会影响上市公司发债融资成本吗？[J]. 证券市场导报，2020 (6): 41—50.

[207] 郑世林，周黎安. 政府专项项目体制与中国企业自主创新 [J]. 数量经济技术经济研究，2015 (12): 73—89.

[208] 郑国坚，林东杰，林斌. 大股东股权质押、占款与企业价值 [J]. 管理科学学报，2014 (9): 72—87.

[209] 邹萍. "言行一致"还是"投桃报李"？——企业社会责任信息披露与实际税负 [J]. 经济管理，2018 (3): 159—177.

[210] 朱红军，何贤杰，陈信元. 金融发展、预算软约束与企业投资 [J]. 会计研究，2006 (10): 64—73.

[211] 曾庆生，陈信元. 国家控股、超额雇员与劳动力成本 [J]. 经济研究，2006 (5): 74—86.

[212] 郑涵歆，潘煜双. 股权质押与分析师独立性 [J]. 财经论丛，2019 (12): 76—85.

[213] 张瑾华，何轩，李新春. 银行融资依赖与民营企业创新能力——基于中国企业家调查系统数据的实证研究 [J]. 管理评论，2016 (4): 98—108.

[214] 张晓晶，刘学良，王佳. 债务高企、风险集聚与体制变革——对发展型政府的反思与超越 [J]. 经济研究，2019 (6): 4—21.

[215] 张建君，张志学. 中国民营企业家的政治战略 [J]. 管理世界，2005 (7): 94—105.

[216] 张海亮，叶群，王海军. 债务风险累积与商业银行不良贷款形成 [J]. 金融论坛，2018 (9): 21—30.

[217] 张敏，吴联生，王亚平. 国有股权、公司业绩与投资行为 [J]. 金融研究，2010 (12): 115—130.

[218] 张龙平，潘临，欧阳才越，熊家财．控股股东股权质押是否影响审计师定价策略？——来自中国上市公司的经验证据［J］．审计与经济研究，2016（6）：35—45.

[219] 张敏，张胜，申慧慧，王成方．政治关联与信贷资源配置效率——来自我国民营上市公司的经验证据［J］．管理世界，2010（11）：143—153.

[220] 张敏，马黎珺，张雯．企业慈善捐赠的政企纽带效应——基于我国上市公司的经验证据［J］．管理世界，2013（7）：163—171.

[221] 张晨宇，武剑锋．大股东股权质押加剧了公司信息披露违规吗？［J］．外国经济与管理，2019（9）：1—13.

[222] 张敦力，李四海．社会信任、政治关系与民营企业银行贷款［J］．会计研究，2012（8）：17—24＋96.

[223] 周绍妮，郑佳明，王中超．国企混改、社会责任信息披露与国有资产保值增值［J］．软科学，2020（3）：32—36.

[224] 周方伟，杨继东．市场化进程改善了政府配置资源的效率吗——基于工业用地出让的经验研究［J］．经济理论与经济管理，2020（2）：24—39.

[225] 赵璨，王竹泉，杨德明，曹伟．企业迎合行为与政府补贴绩效研究——基于企业不同盈利状况的分析［J］．中国工业经济，2015（7）：130—145.

[226] 赵璨，杨德明，曹伟．行政权、控制权与国有企业高管腐败［J］．财经研究，2015（5）：78—89.

[227] 朱家宜．政府干预与企业债务期限结构研究——来自我国上市公司的经验数据［J］．财经科学，2010（10）：88—95.

[228] 张雨潇，方明月．民营企业为什么要带上“红帽子”——基于行政壁垒的一个解释［J］．经济学动态，2016（2）：31—40.

［229］章晓霞，吴冲锋．融资约束影响我国上市公司的现金持有政策吗——来自现金—现金流敏感度的分析［J］．管理评论，2006（10）：59—62＋58＋64.

［230］郑江淮，何旭强，王华．上市公司投资的融资约束：从股权结构角度的实证分析［J］．金融研究，2001（11）：92—99.

［231］郑世林，周黎安．政府专项项目体制与中国企业自主创新［J］．数量经济技术经济研究，2015（12）：73—89.

［232］张国胜，匡慧姝，刘政．政府采购如何影响产能利用率？——来自中国制造企业的经验发现［J］．经济管理，2018（9）：41—58.

［233］张耀伟．政府权力与民营经济演进路径［J］．经济理论与经济管理，2006（9）：18—23.

［234］周黎安．晋升博弈中政府官员的激励与合作——兼论我国地方保护主义和重复建设问题长期存在的原因［J］．经济研究，2004（6）：33—40.

［235］周黎安．中国地方官员的晋升锦标赛模式研究［J］．经济研究，2007（7）：36—50.

［236］曾庆生，陈信元．国家控股，超额雇员与劳动力成本［J］．经济研究，2006（5）：74—86.

［237］祝继高，韩非池，陆正飞．产业政策、银行关联与企业债务融资——基于A股上市公司的实证研究［J］．金融研究，2015（3）：176—191.

［238］朱松，陈运森．政府补贴决策、盈余管理动机与上市公司扭亏［J］．中国会计与财务研究，2009（3）：92—114.

［239］赵峰，马光明．政治关联研究脉络述评与展望［J］．经济评论，2011（3）：151—160.

［240］Allen, F., Qian, J. and Qian, M.. Law, Finance and Economic Growth in China［J］. *Journal of Financial Economics*, 2005, 77

(1): 57-116.

[241] Adihikari, A., Derashid, C. and Zhang, H. Public Policy, Political Connections, and Effective Tax Rates: Longitudinal Evidence from Malaysia [J]. *Journal of Accounting and Public Policy*, 2006, 25 (5): 574-595.

[242] Asija, Aman, Vijaya B. Marisetty, and Srinivasan Rangan. Do Insiders Who Pledge Their Shares Manipulate Reported Earnings? [R]. India: Indian Institute of Management, 2016.

[243] Akerlof G A. The Market for "Lemons": Quality Uncertainty and the Market Mechanism [J]. *Quarterly Journal of Economics*, 1970, 84 (3): 488-500.

[244] Aharony, J., J. Lee, and T. Wong. Financial Packaging of IPO Firms in China [J]. *Journal of Accounting Research*, 2000, 38 (1): 103-126.

[245] Bai, C., D. D. Li, Z. Tao and Y. Wang. A Multitask Theory of State Enterprise Reform [J]. Journal of Comparative Economics, 2000, 28 (4): 716-738.

[246] Brandt, L. and H. Li. Bank Discrimination in Transition Economies: Ideology, Information, or Incentives? [J]. Journal of Comparative Economics, 2003, 31 (3): 387-413.

[247] Berle, Adolph A., Gardiner C. Means. The Modern Corporation and Private Property [M]. The McMillan Company, New York, 1932.

[248] Bertrand, M., F. Kramaraz, A. Schoar, and D. Thesmar. Politicians, Firms and the Political Business Cycle: Evidence from France. University of Chicago, Working Paper, 2007.

[249] Barney J. B. Firm Resource and Sustained Competitive Advantage [J]. Journal of Management, 1991, 17 (1): 99-120.

[250] Blanchard, O., and Shleifer, A. Federalism with and without

Political Centralization: China vs. Russia. IMF Staff Papers, 2001 (48): 171 – 179.

[251] Burgess, J. G. H. The Economics of Regulation and Antitrust [M]. New York, Harper Collins College Publishers, 1995.

[252] Blair M. M. Ownership and Control: Rethinking Corporate Governance for the Twenty – first Century [M]. The Brooking Institution, Washington DC, 1995.

[253] Clarkson, M. A Stakeholder Framework for Analyzing and Evaluating Corporate Social Performance [J]. Academy of Management Review, 1995, 20 (1): 92 – 117.

[254] Charkham, J. Corporate Governance: Lessons from Abroad [J]. European Business Journal, 1992, 4 (2): 8 – 16.

[255] Chow G. C., and Lin, A. Accounting for Economic Growth in Taiwan and Mainland China: A Comparative Analysis [J]. Journal of Comparative Economics, 2002, 30 (3): 507 – 530.

[256] Callen, J. L. and Fang, X. Institutional Investor Stability and Crash Risk: Monitoring Versus Short – termism? [J]. Journal of Banking & Finance, 2013, 37 (8): 3047 – 3063.

[257] Chan, Konan. Share Pledges and Margin Call Pressure [R]. Taiwan: Chengchi University, 2015.

[258] Chen, X., J. Lee, and J. Li. Government Assisted Earnings Management in China [J]. Journal of Accounting and Public Policy, 2008, 27 (3): 262 – 274.

[259] Claessens, S., S. Djankov, L. H. P. Lang. The Separation of Ownership and Control in East Asian Corporations [J]. Journal of Financial Economics, 2000, 58 (1 – 2): 81 – 112.

[260] Claessens, S., E. Feijen, and L. Laeven. Political Connections and Preferential Access to Finance: The Role of Campaign Contribu-

tions [J]. Journal of Financial Economics, 2008, 88 (3): 554 – 580.

[261] Cronqvist H., Nilsson M. Agency Costs of Controlling Minority Shareholders [J]. Journal of Financial and Quantitative Analysis, 2003, 38 (4): 695 – 719.

[262] Dou, Ying, Ronald W. Masulis, and Jason Zein. Shareholder Wealth Consequence of Insider Pledging of Company Stock as Collateral for Personal Loans [R]. Australia: University of New South Wales, 2017.

[263] Donaldson, T., Dunfee, T. W. Integrative Social Contracts Theory: A Communitarian Conception of Economic Ethics [J]. Economics and Philosophy, 1995, 11 (1): 85 – 112.

[264] Diamond, D. W. Monitoring and Reputation: The Choice between Bank Loans and Directly Placed Debt [J]. Journal of Political Economy, 1991, 99 (4): 689 – 721.

[265] Fan J., T. J. Wong, and T. Zhang. Politically Connected CEOs, Corporate Governance, and Post – IPO Performance of China's Newly Partially Privatized Firms [J]. Journal of Financial Economics, 2007, 84 (2): 330 – 357.

[266] Fan, P., H., T., J. Wong and T. Zhang. Institutions and Organizational Structure: The Case of State – owned Corporate Pyramids [J]. Journal of Law, Economics and Organization, 2013, 29 (6): 1217 – 1252.

[267] Faccio M, Masulis R W, Mcconnell J J. Political Connections and Corporate Bailouts [J]. Journal of Finance, 2006, 61 (6): 2597 – 2635.

[268] Fan, J. P. H, Rui, M. O. and Zhao, M. Public Governance and Corporate Finance: Evidence from Corruption Cases [J]. Journal of Comparative Economics, 2008, 36 (3): 343 – 364.

[269] Faccio, M. Politically Connected Firms [J]. The American

Economic Review, 2006, 96 (1): 369 - 386.

[270] Faccio, M. The Characteristics of Politically Connected Firms [D]. Purdue University Working Paper, 2007.

[271] Ferguson, T., and H. J. Voth. Betting on Hitler——The Value of Political Connections in Nazi Germany [J]. Quarterly Journal of Economics, 2008, 123 (1): 101 - 137.

[272] Foss, N, J. The Theory of the Firm: Contractual and Competence Perspectives [J]. Journal Evolutionary Economics, 1993, 3 (2): 127 - 144.

[273] Foss N. J. Knowledge - Based Approach to the Theory of the Firm: Some Critical Comments [J]. Organization Science, 1996, 7 (5): 470 - 476.

[274] Freeman, R. E. Strategic Management: A Stakeholder Approach [M]. Boston, MA: Pitman, 1984.

[275] Frye, T., Shleifer, A.. The Invisible Hand and the Grabbing Hand [J]. American Economic Review, 1997, 87 (2): 354 - 358.

[276] Grossman S. J, Hart O. D. One share - one vote and the market for corporate control [J]. Journal of Financial Economics, 1988, 20 (1 - 2): 175 - 202.

[277] Huang, Z. Z., Xue Q. M. Re - Examination of the Effect of Ownership Structure on Financial Reporting: Evidence from Share Pledges in China [J]. China Journal of Accounting Research, 2016, 9 (2): 137 - 152.

[278] Johnson, S., La Porta, R., Lopez - de - Silanes, F., Shleifer. A. Tunneling [J]. American Economic Review, 2000, 90 (2): 22 - 27.

[279] Johnson, S. and T. Mitton. Cronyism and Capital Controls: Evidence from Malaysia [J]. Journal of Financial Economics, 2003, 67

(2): 351 -382.

[280] Jin, H. , Y. Qian and B. R. Weingast. Regional Decentralization and Fiscal Incentives: Federalism, Chinese Style [J]. Journal of Public Economics, 2005, 89 (9 -10): 1719 -1742.

[281] Jawahar, I. , Mclaughlin, G. Toward a Descriptive Stakeholder Theory: An Organizational Life Cycle Approach [J]. Academy of Management Review, 2001, 26 (3): 397 -414.

[282] Jensen, M. , W. Meckling. Theory of the firm: Management behavior, agency costs, and ownership structure [J]. Journal of Financial Economics, 1976, 3 (4): 305 -360.

[283] Khwaja, A. I. and Mian, A. Do Lenders Favor Politically Connected Firms? Rent Provision in An Emerging Financial Market [J]. The Quarterly Journal of Economics, 2005, 120 (4): 1371 -1411.

[284] Kroszner, R. S. , T. Stratmann. Interest - Group Competition and the Organization of Congress: Theory and Evidence from Financial Services' Political Action Committees [J]. The American Economic Review, 1998, 88 (5): 1163 -1187.

[285] Kogut, B. and Zander, U. Knowledge of the firm, combinative capabilities, and the replication of technology [J]. Organization Science, 1992, 3 (3): 383 -397.

[286] Li , F. , Qian, J. , Wang, H. F, Zhu, L. Stock Pledged Loans and the Bear Market of 2018 in China: Is there a Connection? Working Paper, 2019.

[287] Li, H. , Meng, L. , Wang, Q. and Zhou, L. Political Connections, Financing and Firm performance: Evidence from Chinese Private Firms [J]. Journal of Development Economics, 2008, 87 (2): 283 -299.

[288] La Porta, R. , F. Lopez - de - Silanes, A. Shleifer, R. W. Vishny. Investor Protection and Corporate Valuation [J]. Journal of Fi-

nance, 2002, 57 (3): 1147 - 1170.

[289] La Porta, R. , F. Lopez - de - Silanes, A. Shleifer. Corporate Ownership around the World [J]. Journal of Finance, 1999, 54 (2): 471 - 517.

[290] Moravcsik A. Europe after the Crisis: How to Sustain a Common Currency [J]. Foreign Affairs, 2012, 91 (3): 54 - 68.

[291] Morck R. , A. Shleifer, R. W. Vishny. Management Ownership and Market Valuation [J]. Journal of Financial Economics, 1988, 20 (1 - 2): 293 - 315.

[292] Maurer, H. Alleghenies Verwaltungsrecht (6th edition) [M]. Munich, Beck C. H. , 1988.

[293] Mitchell, A. , Wood, D. Toward a Theory of Stakeholder Identification and Salience: Defining the Principle of Who and what really Counts [J]. Academy of Management Review, 1997, 22 (4): 853 - 886.

[294] Myers, S. C. Determinants of Corporate Borrowing [J]. Journal of Financial Economics, 1977, 5 (2): 147 - 175.

[295] Piotroski, J. D. and T. Zhang. Politicians and the IPO Decision: The Impact of Impending Political Promotions on IPO Activity in China [J]. Journal of Financial Economics, 2014, 111 (1): 111 - 136.

[296] Peteraf. The Cornerstones of Competitive Advantage: A Resource - Based View [J]. Strategic Management Journal, 1993, 14 (3): 179 - 191.

[297] Prahalad, C. K. and Hamel G. The core competence of the corporation [J]. Harvard Business Review, 1990, 68 (3): 79 - 91.

[298] Qian, Y. A Theory of Shortage in Socialist Economics Based on the Soft Budget Constraint [J]. American Economic Review, 1994, 84 (1): 145 - 156.

[299] Roberts, B. A Dead Senator Tells No Lies: Seniority and the

Distribution of Federal Benefits [J]. American Journal of Political Science, 1990, 34 (1) : 31-58.

[300] Rowley, T. J. Moving Beyond Dyadic Ties: a Network Theory of Stakeholder Influences [J]. Academy of Management Review, 1997, 22 (4): 887-910.

[301] Rajan, R. Insiders and Outsiders: The Choice between Informed and Arm's - Length Debt [J]. Journal of Finance, 1992, 47 (4): 1367-1400.

[302] Shleifer, A. and R. W. Vishny. Politicians and Firms [J]. The Quarterly Journal of Economics, 1994, 109 (4): 995-1025.

[303] Shleifer, A., R. Vishny. The Grabbing Hand: Government Pathologies and Their Cures [M]. Cambridge, MA: Harvard University Press, 1998.

[304] Smith, A. An Inquiry into the Nature and Causes of the Wealth of Nations [M]. London: for W. Strahan and T. Cadell, 1776.

[305] Stigler, G. J. The Theory of Economic Regulation [J]. Bell Journal of Economics and Management Science, 1971, 2 (1): 3-21.

[306] Spender J. C. Making Knowledge the Basis of a Dynamic Theory of the Firm [J]. Strategic Management Journal, 1996, 17 (Special Winter Issue): 45-62.

[307] Stiglitz, J. E. Credit Markets and the Control of Capital [J]. Journal of Money, Credit and Banking, 1985, 17 (2): 133-152.

[308] Teece D, Pisano G, Shuen A. Dynamic Capabilities and Strategic Management [J]. Strategic Management Journal, 1997, 18 (7): 509-533.

[309] Wong, S. H. W. Political Connections and Firm Performance: The Case of Hong Kong [J]. Journal of East Asian Studies, 2010, 10 (2): 275-313.

[310] Wernerfelt, B. A Resource – Based View of the Firm [J]. Strategic Management Journal, 1984, 5 (2): 171 – 180.

[311] Wheeler, D., Maria, S. Including the Stakeholders: the Business Case [J]. Long Range Planning, 1998, 31 (2): 201 – 210.

[312] Xu, C. The Fundamental Institutions of China's Reforms and Development [J]. Journal of Economic Literature, 2011, 49 (4): 1076 – 1151.

[313] Zhang, C., Y., Qian, A., M., Shi, X., Y. The Effect of Affiliated Analysts on Stock Recommendations: Evidence from Share Pledges in China [J]. China Journal of Accounting Research, 2020, 13 (1): 79 – 107.

致　谢

时光荏苒，我在江西财经大学的博士研究生生活即将结束。回首往事，思绪万千。此时此刻，我最想抒发的就是我内心的诸多感恩之情。

我要感谢我的导师章卫东教授。本书是在章老师的悉心指导下完成的，从论文的选题、构思、撰写到修改、定稿，章老师都付出了大量的心血。章老师在学术上、人生及生活上给予了我诸多教诲和关照。章老师积极进取的人生态度、严谨务实的治学精神、细致敬业的工作风格以及有条不紊的处事方式令我十分敬佩，也给了我宝贵的人生启迪。章老师教导我在事业上要有拼劲和闯劲，要有远大的目标和长远的规划，并在我面临人生道路重要选择的时候给予我关键的指点和鼓励，使我十分受益。在此，我把深深的感谢和崇高的敬意献给我敬爱的章老师！恭祝章老师身体健康、工作顺利、阖家幸福！

我要感谢江西财经大学会计学院所有教导和帮助过我的领导和老师。在我攻读博士学位期间，江西财经大学会计学院的张蕊教授、蒋尧明教授、荣莉教授、曹玉珊教授、周冬华教授、李宁教授、袁业虎教授、刘骏教授、彭晓洁教授、廖义刚教授、邹玲教授、熊家财副教授、罗劲博副教授、李世刚副教授等领导和老师以及已故的谢盛纹教授对我的悉心教导和宝贵帮助，他们的教导和帮助给了我完成学业的信心和动力。我也要感谢查利曼等从事行政工作的老师在我读博期间为我付出的辛劳。我还要感谢重庆大学辛清泉教授、西南财经大学步丹璐教授、对外经济贸易大学刘慧龙副教授对我的预答辩论文提出的诸多宝贵意见。衷心祝愿上述所有的领导和老师在今后的岁月里身体健康、工作顺利、生活愉快！

我要感谢在我就读江西财经大学博士研究生期间关心和帮助过我的各位同学和师兄弟姐妹。同窗之情，弥足珍贵。祝愿所有的同窗好友学业精进、事业有成、前程似锦！

我还要感谢我亲爱的父母，感谢他们对我二十多年来的养育之恩。我一路走来的求学历程，无处不凝结着他们的心血与期望，正是他们的鞭策、支持与鼓励，促使我坚持进取、完成学业。祝愿我的父母永远健康、快乐！

最后，我要感谢我的母校江西财经大学，我在这片校园里度过了我最宝贵的青春年华，也收获了今后赖以安身立命的知识和能力。祝愿我的母校蒸蒸日上、祥和繁华！

黄一松

2020 年 5 月于江西财经大学蛟桥园